JN440397

도쿄에서 온 러브레터

박경호 묵상시집

박경호

1970년 부산에서 태어나 미국 시카고 노스팍(North Park) 신학원(M.Div)을 졸업했고, 미국 시카고 한인 교회에서 한인 2세 영어 예배 담당 사역을 해왔다.
일본 동경 일본인 교회에서 협력선교사 및 담임목사로 섬겼고, 지금은 《동방미션》이라는 선교단체를 설립해서 대표 선교사로 사역 중이다.
저서로는 『마태가 들려주는 예수와 열두 제자들』이 있다.

박경호 묵상시집
도쿄에서 온 러브레터

지은이 / 박경호
펴낸이 / 김윤환
펴낸곳 / 열린출판사
1판 1쇄 펴낸 날 / 2022년 7월 11일
등록번호 / 제2-1802호

등록일자 / 1994년 8월 3일
주소 / 경기도 시흥시 하중로 203 (3층)

ISBN 978-89-87548-32-6
값 12,000원

열린시선 11

박경호 묵상 시집

도쿄에서 온 러브레터

열린출판사

저자 서문

2016년부터 2018년까지 매일 아침 SNS에 조금씩 영어로 쓴 글을 모아 한국어로 번역해 시집으로 엮었습니다.

이 시집이, 이제 막 스릴 넘치는 신앙의 여정과 신앙의 모험을 시작하는 분들을 위한 반가운 가이드북이 되면 좋겠습니다.

뿐만 아니라, 신앙의 여정 가운데 거룩함을 추구하는 모든 그리스도인들을 위한 작은 안내장이 되길 소망합니다

마지막으로 책 출판을 위해 도움을 주신 JDS 건축설계사무소 박관수 대표님께 감사를 드리며, 특히 이번에 고등학교를 졸업하고 부모의 품을 떠나는 저의 큰딸 한나에게 이 사랑의 편지를 전합니다.

Enjoy my poems!

2022년 여름
일본 동경에서 박경호 선교사

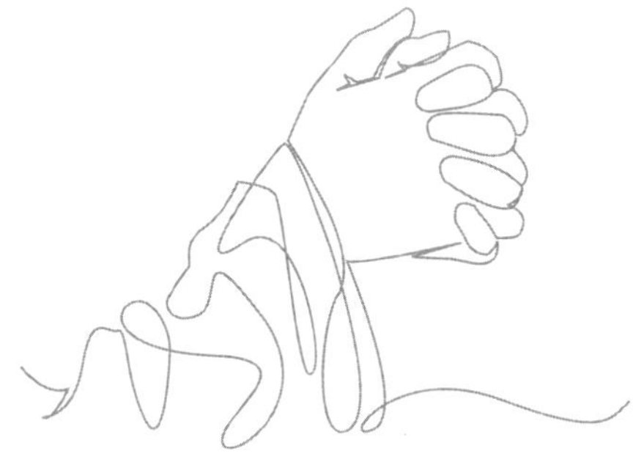

차례

제 1부 그 분과 함께 하는 삶

제 2부 거룩한 시간 속으로

제 3부 뜻대로 은혜대로

제 4부 믿음으로 사는 사람

제 5부 작은 자의 고백

제1부

그분과 함께 하는 삶

그 분과 함께 걸어가요

인생을 하나님과 함께 걸어가요.
어둠 속을 걸어가지 마세요.
그 분은 당신의 빛이십니다.

인생을 예수님과 함께 걸어가요.
혼자 걸어가지 마세요.
그 분은 임마누엘이십니다.

인생을 성령님과 함께 걸어가요.
도움 없이 혼자 힘으로 걸어가지 마세요.
그 분은 능력의 영이십니다.
할렐루야!

인생을 하나님과 함께 걸어가요.
인생을 예수님과 함께 걸어가요.
인생을 성령님과 함께 걸어가요.
인생을 삼위일체 되시는 하나님과 함께 걸어가요.

"그러나 노아는 주의 눈에 은혜를 입었더라. 노아의 세대들은이러하니라. 노아는 의인이요, 그의 세대들 가운데서 완전한 자더라. 그가 하나님과 함께 걸었더라."(창세기 6장 8절~9절)

하나님의 얼굴을 늘 구하십시오

구하십시오!
하나님의 얼굴을 늘 구하십시오.
그러면 그의 얼굴의 빛이 여러분에게 늘 비칠 것입니다.

만약 하나님이 그의 얼굴을 여러분으로부터 돌리시면,
여러분은 공포에 휩싸일 것입니다.

만약 하나님이 그의 얼굴을 여러분으로부터 숨기시면,
여러분의 등골이 오싹할 것입니다.

왜요?
하나님의 빛이 없으므로 사물을 볼 수 없기 때문입니다.
당신은, 우리 주위에 널려 있는 영적으로
맹인된 자와 같을 것입니다.

당신은 맹인 같이 담을 더듬으며
눈 없는 자들과 같이 두루 더듬을 것입니다.(이사야 59:10)

당신은 낮에도 한밤중처럼 비틀거릴 것입니다.
당신은 반드시 넘어져 구덩이에 빠질 것입니다.

구하십시오!
구하십시오!
하나님의 얼굴을 늘 구하십시오.
그러면 의의 태양이 여러분에게 늘 비칠 것입니다.
하나님은 당신이 걷는 길을 비추실 것입니다.

"여호와는 그 얼굴로 네게 비취사 은혜 베푸시기를 원하며"(민수기 6장 25절)

보이지 않는 하나님을 의지하세요

정말 자유인이 되고 싶은가요?
하나님을 의지하고 사람을 의지하지 마세요.

하나님은 보이지 않으세요.
사람은 보여요.

사람의 노예가 되는 건 쉽죠.
그러나 하나님의 나라의 자유 시민이 되는 건 굉장히 어렵죠.
당신은 누굴 의지할 건가요?
하나님을 의지하고 사람을 의지하지 마세요.

하나님은 보이지 않으세요.
사람은 보여요.

하나님의 노예야말로 진정한 자유인이죠.
자유인은 강하고 당당하죠.
하나님을 의지하세요.
하나님을 의지하는 걸 연습하세요.
진리의 하나님이 당신을 자유케 해요.
매일 연습하세요.
하나님은 보이지 않으세요.
사람은 보여요.

"여호와께 피하는 것이 사람을 신뢰하는 것보다 나으며"(시편118편 8절)

그 분을 신뢰합니다

비록 깜깜한 어둠 속에 있을지라도,
우리는 그 분을 신뢰합니다.

비록 넘어지고 있을지라도,
우리는 그 분을 신뢰합니다.

비록 죽어가고 있을지라도,
우리는 그 분을 신뢰합니다.

두려움이 엄습할 때,
우리는 그 분을 신뢰할 것입니다.

모든 상황 속에서 주님을 신뢰하십시오.
항상 주님을 신뢰하십시오.
온 마음을 다해 주님을 신뢰하십시오.

"너는 마음을 다하여 여호와를 신뢰하고 네 명철을 의지하지 말라."(잠언 3장 5절)

그 분을 인정하세요

하나님의 위대하심을 인정하세요.
하나님을 작은 상자 안에 집어넣지 마세요.
하나님을 경외하며 그냥 서 있으세요.

하나님의 능력을 인정하세요.
그를 당신의 제한된 상상력과 능력 안에 가두지 마세요.
하나님은 불가능이 없으십니다.

하나님의 지혜를 인정하세요.
그를 당신의 개인적인 지식, 경험, 혹은 세계관으로 제한하지 마세요.
하나님의 방법은 늘 옳습니다.

하나님의 위대하심을 공개적으로 인정하세요.
하나님의 능력을 공식적으로 인정하세요.
우리, 하나님의 지혜를 인정하는 데 매진합시다.

"너는 마음을 다하여 여호와를 의뢰하고 네 명철을 의지하지말라 너는 범사에 그를 인정하라 그리하면 네 길을 지도하시리라"(잠언 3장 5절~6절)

성전에 들어갈 때

성전에 들어갈 때 나는 하나님의 임재를 느낍니다.
성전에서의 그 분은 두렵고 놀라우신 하나님이십니다.
그 분의 능력과 영광이 성전 안에 있습니다.

성전에 들어갈 때 나를 향한 하나님의 계획을 깨닫습니다.
성전에서 그 분은 나에게 말씀하십니다.
성전에서 그 분은 나에게 응답하십니다.

성전에 들어갈 때 나는 하나님을 위해 살기로 결정합니다.
그 분은 위대하십니다!
그 분은 찬양 받기에 합당하십니다.

성전에서 나는 손을 듭니다.
성전에서 나는 하나님을 경배합니다.

"내가 어쩌면 이를 알까 하여 생각한즉 그것이 내게 심한 고통이 되었더니 하나님의 성소에 들어갈 때에야 그들의 종말을 내가깨달았나이다."(시편 73장 16절~17절)

어떤 분일까요?

1.

그는 하나님 앞에서 어린 나무처럼 자라셨습니다.
그는 마른 땅에서 나온 뿌리같이 자라셨습니다.
그는 인상적인 모습의 소유자도 아니셨습니다.
그는 우리를 끌어당길만한 매력도 없으셨습니다.
그는, 우리 눈에 띄는 위풍당당한 풍격도 없으셨습니다.
그는, 우리가 보기에 흠모할 만한 외모를 가지지 않으셨습니다.

어떤 분이신지 짐작하시겠어요?
우리 주 예수님 그리스도이십니다

2.

그는 사람의 아들처럼 보이십니다.
그의 머리와 머리카락은 양털처럼 희고, 눈처럼 흽니다.
그의 눈은 불꽃과 같습니다.
그의 목소리는 격렬하게 흐르는 물소리와 같습니다.
그의 발은 용광로에서 단련된 빛나는 청동과 같습니다.
그는 발에 끌리는 예복을 입으셨고,
가슴에는 금으로 된 장식띠를
두르고 계십니다.
그의 얼굴은 아주 강렬하게 비치는 태양과 같습니다.
그는 오른 손에는 일곱 별을 쥐고 계십니다.
그가 말할 때 그의 입에서 좌우에 날선 검이 나옵니다.

어떤 분이신지 짐작하시겠어요?
만왕의 왕이신 예수님이십니다.

감사

우리에게는 가야 할 길이 있습니다.
감사합니다.
당신은 그 길이십니다.

우리에게는 믿어야 할 진리가 있습니다.
감사합니다.
당신은 그 진리이십니다.

우리에게는 품고 살아가야 할 생명이 있습니다.
감사합니다.
당신은 그 생명이십니다.

감사합니다.
당신만이 오직 길이요, 오직 진리이며, 오직 생명이십니다.

예수님, 감사합니다.

"예수께서 가라사대 내가 곧 길이요 진리요 생명이니 나로 말미암지 않고는 아버지께로 올 자가 없느니라."(요한복음 14장 6절)

역설

그 분은 왕의 왕이십니다.
그러나 그는 우리가 왕이 될 수 있도록 오셔서
종의 모습을 취하셨습니다.

그 분은 영원하십니다.
그러나 그는 우리가 영생을 얻을 수
있도록 잠시 동안 죽으셨습니다.

그 분은 온 우주에서 가장 부요한 분이 십니다.
그러나 그는 우리가 부요해질 수 있도록
가난해지셨습니다.

그 분은 산자와 죽은자의 심판자이십니다.
그러나 그는 우리가
죄의 감옥에서 풀려날 수 있도록
범죄자가 되셨습니다.

그 분, 예수님은 의의 태양이십니다.
그러나 그는 우리가 하나님의
의인이 될 수 있도록
우리 대신 죄를 감당하여 주셨습니다.

그 분은 위대한 의사이십니다.
그러나 그는, 우리가 치유될 수 있도록
상처 입고, 찔리고, 상하셨습니다.

그 분은 교회(믿는 자들)를 사랑하시되,

죽기까지 사랑하셨습니다.
그러므로 우리도 예수님께 우리의 삶을
산제사로 드려야겠습니다.

우리, 그리스도를 위해 살아갑시다.

"이는 한 아기가 우리에게 났고 한 아들을 우리에게 주신 바 되었는데 그의 어깨에는 정사를 메었고 그의 이름은 기묘자라, 모사라, 전능하신 하나님이라, 영존하시는 아버지라, 평강의 왕이라 할 것임이라."(이사야 9장 6절)

우시는 예수

예수께서 눈물을 흘리시더라
(요한복음 11장 35절)

예수님을 열심히 좇으세요

많은 예수님의 제자들이 집으로 돌아가고
더는 그와 동행하지 않기로 선택한 것처럼
슬프게도 많은 사람이 예수님을 등지고 더는 따르지 않습니다
(요한복음 6장 66절)

사람들은 이 세상을 예수님 보다 더 사랑하기 때문에
예수님을 버립니다
데마가 사도 바울을 떠난 것처럼 말입니다.
(디모데후서 4장 10절)

그들은 결국 믿음에 있어서 파선합니다.
후메내오와 알렉산더가 그들의 믿음을
망쳐버린 것처럼 말입니다
(디모데전서 1장 20절)

예수님은 기가 꺾이거나 믿음으로부터
꽁무니를 빼는 사람들을 기뻐하지 않으십니다
(히브리서 10장 35절)

예수님은 밭을 갈기 위해 손에 쟁기를 들고
그들의 이전 삶을 돌아보는 사람들을
기뻐하지 않으십니다
(누가복음 9장 62절)

예수님을 근심하게 하지 마세요!
여러분, 예수님을 열심히 쫓으셔야 해요!

"사람이 나를 섬기려면 나를 따르라 나 있는 곳에 나를 섬기는 자도 거기 있으리니 사람이 나를 섬기면 내 아버지께서 그를 귀히 여기시리라."(요한복음 12장 26절)

그리스도의 고난에 동참하는 자들

우리가 고난을 좋아하지 않는 건 자연스러운 일입니다.
우리가 고통에서 도망치려고 하는 것도 자연스러운 일입니다.

우리는 모두 가능한 고통에서 벗어나고 싶어 합니다.
정말로 우리는 모두 고통을 싫어합니다.
누구도 고통을 원하지 않습니다.

그러나 그리스도의 복음을 위해 자발적으로
고난에 참여하는 사람들이 있습니다.
그들은 예수님의 이름으로 선한 일을 하다가
고난당하는 일에 자원하는 사람들입니다.

이런 종류의 고난은 칭찬할 만합니다.
그렇습니다. 이런 고난은 아름답습니다.

성경은 "고난당하는 것이 우리에게 유익하다."라고 말합니다.
왜 그럴까요?
왜냐하면 우리는 고통을 통해서
순종을 배울 수 있기 때문입니다.

우리가 고난을 좋아하든 싫어하든 상관없이 우
리는 고난을 통해서 많은 유익을 얻습니다.

많은 경우에, 고난을 통해서 우리는 하나님의 뜻이 무엇인지,
어떤 문제이든지 간에, 하나님의 마음이 어디에 있는지, 그리고
하나님의 시선이 어디에 집중되고 있는지 알 수 있습니다.
우리 주 예수 그리스도도 고난을 통해서 순종을 배우셨습니다.

예수님은 죽기까지 순종하시며 자신을 낮추셨습니다.
그리고 그 죽음은 십자가 위에서의 죽음이었습니다.

예수님은 고난의 사람이었습니다.
그는 고통에 익숙하셨습니다.
그래서 그는 우리가 당하는 고난을 아십니다.
그는 우리의 고통을 누구보다도 훨씬 더 잘 이해하십니다.
실제로, 그는 우리가 고난당할 때 우리와 함께 고난을 감내하십니다.

그는 우리와 공감하실 수 있습니다.
그리스도의 고난에 동참하고 계신 여러분,
여러분이야말로 복 있는 자들입니다.

"도리어 하나님의 백성과 함께 고난 받기를 잠시 죄악의 낙을 누리는 것보다 더 좋아하고"(히브리서 11장 25절)

거듭남의 비밀

성령으로 거듭나야만
영안이 열려 믿음의 세계를 볼 수 있어요.
거듭나야 합니다.

성령으로 거듭나야만
영적인 코가 뚫려 그리스도의 향기를 맡을 수 있어요.
거듭나야 합니다.

성령으로 거듭나야만
영적인 허파로 숨 쉬며 기도할 수 있어요.
거듭나야 합니다.

성령으로 거듭나야만
영적인 귀가 열려 예수님의 음성을 들을 수 있어요.
거듭나야 합니다.

성령으로 거듭나면
영적인 혀가 풀려 하나님에 대한 사랑을 표현할 수 있어요.
거듭나야 합니다.

성령으로 거듭나면
영적인 생각이 열려 모든 일에
의로운 판단과 분별을 할 수 있어요.
거듭나야 합니다.

성령으로 거듭나면
꽉 움켜쥐고 있던 손을 펴서 이웃을 도울 수 있어요.

거듭나야 합니다.

성령으로 거듭나면
나쁜 일 하는 데 빠른 발이 아니라 좋은 소식을 전하는
하나님의 전령의 발로 달릴 수 있어요.
거듭나야 합니다.

성령으로 거듭나면
당신의 배에서 생수의 강이 흘러나와
다시는 영적으로 목마르지 않아요.
거듭나야 합니다.

성령으로 거듭나면
말씀으로 천지를 창조하신 하나님을
"아버지"라 부를 수 있고,

성령으로 거듭나면
목수이신 예수님을
"주"라 부를 수 있으며,

성령으로 거듭나면
보혜사이신 성령님과 가까운 친구처럼
교제를 나눌 수 있어요.
거듭나야 합니다.

요한복음 3장 6절에 "육으로 난 것은 육이요 영으로 난 것은 영이니."

여기서 "영"이란 단어가 두 번 나와요. 앞에 나오는 영은 "성령"이고

뒤에 나오는 영은 우리 개개인의 "영"이에요.

즉, 성령이 우리의 영을 태어나게 하시죠.

거듭나야 해요.

성령으로 거듭나야 해요.

성령으로 거듭나야 해요.

왜냐하면, 성령이 우리의 영에게 생명을 주시기 때문이에요.

하나님은 구하는 자에게 성령을 주셔서,

성령으로 하여금 당신의 영을 태어나게 하시죠.

그러니, 하나님께 성령을 구하세요.

성령을 구하시면 하나님이 성령을 주세요.

성령을 받으면 당신의 영이 태어나는 거예요.

명심하세요.

성령으로 거듭나지 않으면

하나님 나라에 들어갈 수 없다는 것을.

"내가 네게 거듭나야 하겠다 하는 말을 놀랍게 여기지 말라."(요한복음 3장 7절)

성령을 의지 하여

당신의 몸의 음탕한 욕망을
성령으로 사형에 처하세요.
그러면 당신은 죽지 않을 거예요.
기도하세요.

당신의 육신의 이기적인 욕망을
성령을 의지하여 죽이세요.
그러면 당신은 죽지 않을 거예요.
기도하세요.
성령으로 충만해질 때까지 기도하세요.

당신의 죄 된 본성의 그릇된 욕망을
성령의 능력으로 억누르세요.
그러면 당신은 살 거예요.
기도하세요.
성령으로 충만할 때까지 기도하세요.

이것을 매일 하세요.
성령으로 충만해지는 강한 습관을 기르세요.
온 다음을 다하여 매일 성령충만을 구하세요.
성령충만을 거룩한 습관으로 유지하세요.
그러면 당신은 죽지 않고 살 거예요.

"너희가 육신대로 살면 반드시 죽을 것이로되 영으로써 몸의행실을 죽이면 살리니."(로마서 8장 13절)

성령이 없이는

성령으로 거듭남이 없이
누가 이 땅에서의 새로운 삶과
천국에서의 하나님과 영원한 삶을 누릴 수 있겠는가?

성령의 사랑이 없이 어떻게 우리가
다른 사람들을 우리 자신처럼 사랑할 수 있겠는가?

성령의 세례가 없이 어떻게 우리가
능력 있는 삶을 살 수 있겠는가?

성령의 희락의 기름부음이 없이 어떻게 우리가
늘 기뻐할 수 있겠는가?

성령의 가르침과 인도하심이 없이 어떻게 우리가
성경을 이해할 수 있겠는가?

성령의 지도하심 없이 어떻게 우리가
다른 사람들을 중보할 수 있겠는가?

성령의 치유함이 없이 어떻게 우리가
전인격적으로 회복될 수 있겠는가?

성령의 부으심이 없이 누가 목숨을 걸고
예수님을 증거할 수 있겠는가?

성령의 (우리의 성품을) 변화시키시는 사역 없이 어떻게 우리가
우리의 삶 속에서 성령의 열매를 맺을 수 있겠는가?

성령의 은사가 없이 누가 죽은 자들을 살리고,
악령을 쫓아내며, 병자들을 치료할 수 있겠는가?

성령의 지혜, 지식, 그리고 명철이 없이
누가 이 타락한 세상의 지혜와 지식을 능가할 수 있겠는가?

성령을 통한 하나님의 계획에 대한 이해가 없이
누가 하나님의 사역에 참여할 수 있겠는가?

성령과의 교통함이 없이
누가 다른 그리스도인들과 진실된 교제를 경험할 수 있겠는가?

성령의 능력을 부여하는 은혜가 없이 어떻게 우리가
원수를 사랑하고 순교할 수 있겠는가?
이 모든 질문에 대한 해답은 "아무도 할 수 없다"는 것입니다.
성령이 없이는 아무것도 할 수 없으니.
그러니 우리, 성령을 받읍시다.

우리, 성령을 더 많이 알려고 노력합시다.
우리, 성령의 임재와 중요성을 인정합시다.
우리, 성령을 더 바랍시다.

"그러나 진리의 성령이 오시면 그가 너희를 모든 진리 가운데로 인도하시리니"(요한복음 16장 13절)

제2부
거룩한 시간 속으로

나의 시편 23

삶은 하나의 여정입니다.
그 분은 나의 인도자이십니다.
그 분은 나의 모든 필요를 공급하십니다.
그 분은 나에게 쉼을 주십니다.
그 분은 나의 영적 목마름을 풀어주십니다.
그 분은 나를 온전하게 회복시켜주십니다.

삶은 하나의 여정입니다.
그 분은 나를 모든 진리로 인도하십니다.
그 분은 내가 고난 가운데 있을 때도 나와 동행하십니다.
그 분은 그의 말씀과 그의 영으로 나를 위로하십니다.
그 분은 나의 모든 적과 싸우십니다.
그 분은 나를 희락으로 기름 부으십니다.
그 분은 결국 나를 천국에 있는 내 집으로 데리고 가십니다.

나의 길

내가 가는 길을
주님이 기뻐하신다면,
그 분은 나의 걸음을
견고하게 하실 것입니다.
비록 내가 비틀거릴지라도
넘어지지 않을 것입니다.

왜냐하면, 그의 손으로
나를 붙들고 계시기 때문입니다.
(시편 37편 23절~24절)

그리스도인의 삶이란

그리스도인의 삶이란,
하나님 아버지와의
인격적인 믿음의 관계입니다.

하나님과의 인격적인
믿음의 관계는,
그의 아들이신 예수
그리스도 안에 머물 때 가능합니다.

그리고 그런 믿음의 관계는,
성령님의 인격과 능력을 통해서
그의 말씀에 애정을 가지고
순종하며 걸어갈 때
가능합니다.

아침에

당신의 아침을
그 분의 발 앞에서 시작하세요.
성전이나 한적한 곳으로 가세요.
그 분 앞에 무릎 꿇고 기도하세요.

아침에 기도하세요.
아침에 기도하세요.

"여호와여 아침에 주께서 나의 소리를 들으시리니 아침에 내가 주께 기도하고 바라리이다."(시편 5편 3절)

당신의 하루

의의 태양이신 예수님과 함께 하루를 화창하게 시작하세요.
그 분이 당신의 하루를 풍성하게 하실 거예요.

간단한 기도를 드리며 당신의 하루를 가볍게 시작하세요.
그 분이 당신에게 힘주시고
당신을 악한 자로부터 지켜주실 거예요.

성경 세 장을 읽으며 당신의 하루를 올바르게 시작하세요.
그 분이 당신을 의의 길로 인도하실 거예요.

"아침에 나로 하여금 주의 인자한 말씀을 듣게 하소서 내가 주를 의뢰함이니이다 내가 다닐 길을 알게 하소서 내가 내 영혼을 주께 드림이니이다."(시편 143편 8절)

하늘의 법을 묵상하세요

묵상하세요
주의 율법을 주야로
소리 내 읽으세요.
그러면 그 분은
당신에게 부드럽게
말씀하실
거예요.

묵상하세요
주의 율법을 날마다 묵상하세요.
반복해서 주의 율법을 소리 내어 읽으세요.
그러면 그 분의
음성이 당신의 마음속에 울려 퍼질 거예요.

묵상하세요
매일 빼놓지 않고 주의 율법을 묵상하세요.
이것을 반복하고 또 반복하세요.
그러면 당신은 그 분의 말씀에
순종할 것입니다.

당신의 기쁨이
주의 뜻을 묵상하는 것 안에 있길 소망합니다.

"이 율법 책을 네 입에서 떠나지 말게 하며 주야로 그것을 묵상하여 그 가운데 기록한 대로 다 지켜 행하라 그리하면 네 길이 평탄하게 될 것이라 네가 형통하리라."(여호수아 1장 8절)

9가지 D를 매일 하세요

죄에 대해서 매일 죽으세요(Die).

당신 자신을 매일 부인하세요(Deny).

당신 자신을 예수님의 사랑으로 매일 멸시하세요(Despise).

성령의 임재 안에 매일 머무세요(Dwell).

당신 자신을 하나님의 말씀과 기도에 매일 전념하세요(Devote).

당신 자신을 경건을 목적으로 매일 단련하세요(Discipline).

하나님의 말씀을 매일 행하세요(Do).

사람들을 예수님의 제자로 매일 만드세요(Disciple).

그중에서도 특히, 주안에 있는 당신 자신을 매일 기뻐하세요(Delight).

이런 9가지 D를 매일 하세요.

그러면 당신의 삶은 아름다워질 거예요.

"육체의 연습은 약간의 유익이 있으나 경건은 범사에 유익하니 금생과 내생에 약속이 있느니라."(디모데전서 4장 8절)

좋은 하루

주님, 좋은 아침입니다!
제가 당신의 율법을 묵상하는 동안 제게 말씀하여 주옵소서.
아침에 저는 당신을 음성을 듣습니다.

주님, 좋은 오후입니다!
제가 당신의 이름으로 기도하는 동안 제게 당신의 길을 보여 주옵소서.
오후에 저는 당신의 얼굴을 봅니다.

주님, 좋은 저녁입니다!
제가 당신을 쫓아다니는 동안 저를 지탱해 주옵소서.
저녁에 저는 당신의 임재를 느낍니다.

나의 아버지, 나의 구원자 그리고 나의 보혜사, 좋은 밤 되세요!
제가 당신의 안식으로 들어가는 동안 저를 만족시켜 주옵소서.
밤에 저는 당신을 압니다.

내일 다시 뵙겠습니다!

열매 맺는 삶

그 분께 딱 붙어 있으세요.
그 분께 딱 붙어서 그로부터 지혜와 지식과 명철과 계시와 힘을 얻으세요. 가지가 포도나무에 붙어 있는 동안에 물, 무기물, 그리고 영양분을 공급받는 것처럼 예수님께 딱 붙어 있으세요.

어떻게 하면 그 분께 딱 붙어 있을 수 있냐구요?
그 분의 말씀 안에 머무세요.

그 분의 말씀 안에 머문다는 뜻은, 그의 말씀과
시간을 보낸다는 말입니다.

그것은 매일 말씀을 소리 내어 읽고,
말씀을 곱씹어 본다는 뜻입니다.

매일 그 분의 말씀 안에 머물면서
삶의 "가지치기"를 늘 하세요.

삶의 가지치기는 어떻게 하냐구요?
먼저, 그의 말씀으로 당신의 마음을 깨끗하게 청소하세요. 마음 속에 있는 불결한 것들을 하나님의 말씀으로 씻어내세요.

다음으로, 당신의 마음으로부터 들리는
그 분을 기쁘시게 하는 것들을 생각함으로써
당신의 생각을 정리하세요.

그 분이 불쾌하게 여시기는 생각들이나
그 분의 말씀에 어긋나는 생각들을 품는 것을 멈추세요.

마지막으로, 당신의 삶 속에 있는,
하나님이 기뻐하지 않으시는
주변(당신 주위에 있는 해로운 사람들을 포함해서)을
정리하고 처분하세요

아버지로부터 오는 하늘의 지혜를 구하고, 그리고 그
지혜를 사용하여 정리하고 처분하세요.
그러면 당신은 열매를 맺을 겁니다
(고린도전서 15:33, 잠언 13:20)

열매를 많이 맺을 겁니다
이런 삶이 하나님께 영광 돌리는 삶입니다

더 나아가, 예수님의 사랑 안에 거하세요.
어떻게 그의 사랑 안에 거할 수 있을까요?

예수님의 말씀을 실천하세요
예수님의 말씀을 실천하면
그의 사랑 안에 거할 수 있습니다.

구체적으로 어떤 말씀이냐구요?
"서로 사랑하라"라는 말씀 기억하시죠?
매일의 삶 속에서 이 말씀을 실천하는 겁니다.
그렇게 하면 예수님의 사랑 안에 거할 수 있습니다.

하기 어렵다구요?
쉬워질 때까지 실천하세요!

이 명령을 살아내는 것이 어렵다고 생각하세요?
그러니 "먼저" 예수님의 말씀 안에 머무는 것이
아주 중요합니다.

그의 말씀 안에 최대한 머무세요.
그러면 지혜, 지식, 명철,
그리고 계시가 당신에게 주어질 겁니다.
특히, 다른 사람을 사랑할 힘이 생기는 겁니다.

다른 사람을 사랑하기 위해서는, 지혜와 지식과 명철이
필요합니다. 아무 생각 없이 타인을 사랑할 순 없습니다.

그리고 우리가 경건하게 타인을 사랑할 수 있도록
가끔 위로부터 계시가 임하기도 합니다.
이건 특이한 체험입니다.

그리고 무엇보다도,
서로 사랑하기 위해선 힘이 있어야 합니다.
지치지 않는 사랑의 힘 말입니다.

제가 일러주는 대로 한번 해보세요.
한번 해보세요. 될 겁니다.
그냥 해보세요. 누구나 가능합니다. 아주 쉽습니다.
당신도 그리스도의 명령을 실천할 수 있습니다.
당신의 삶에 열매를 많이 맺으시길 기도합니다.

"내 안에 거하라 나도 너희 안에 거하리라. 가지가 포도나무에 붙어 있지 아니하면 스스로 열매를 맺을 수 없음 같이 너희도 내 안에 있지 아니하면 그러하리라."(요한복음 15장 5절)

거룩한 삶의 한 가지 원리

우선, 내가 할 수 없는 일로부터
내가 할 수 있는 일을 가려냅니다.
그러고 나서, 내가 할 수 있는 일에만 집중합니다.
내가 할 수 없는 일은 기도하며 하나님께 맡깁니다.

둘째로, 나는 그 분을 위해 일합니다.
그리고 그 분은 나를 위해 일하십니다.
그 분과 나는 서로를 위해 일합니다.

그 분이 매일 일하고 계신 것과 비교해서
내가 지금 그 분을 위해 하고 있는 일은
내가 할 수 있는 작은 일입니다.
실제로, 그 분이 나를 위해 하고 계신 일은
나의 능력을 초월하는 큰 일입니다.

마지막으로, 나는 그 분이 내 삶의 모든 것을
통제(관리)하고 계시다는 것을 믿습니다.
나는 하나님이 그 분의 손안에 나의 미래를
붙들고 계시다는 것을 믿습니다.

"무슨 일을 하든지 마음을 다하여 주께 하듯 하고 사람에게 하듯 하지 말라. 이는 기업의 상을 주께 받을 줄 아나니 너희는 주 그리스도를 섬기느니라"(골로새서 3장 23절~24절)

가볍게 살아요

가볍게 살아요.
가볍게 살아요.

당신을 가로막는 모든 것을 떨쳐버려요.
너무 쉽게 당신을 얽매이게 하는 죄를 떨쳐버려요.
모든 염려를 그 분께 세게 던져버려요.
당신의 걱정을 그 분께 쿵 하고 떨어뜨려요.
당신을 억누르고 있는 모든 의심을 먼지 털듯이 털어버려요.

가능하면 당신의 짐을 매일 가볍게 하세요.
대신, 주님께서 주시는 쉬운 멍에를 메세요.
그리스도께서 주시는 가벼운 짐을 메세요.

그러기 위해서는,
당신 자신의 십자가를 메고 매일 주님을 따라가야 해요.
그렇게 함으로써 당신은 가볍게 살 수 있어요.

가볍게 살아요.
우리네 인생 가볍게 살아요.

"네 짐을 여호와께 맡겨 버리라 너를 붙드시고 의인의 요동함을 영영히 허락지 아니하시리로다"(시편 55편 22절)

열매 없는 삶

우리 중 많은 이들이 우리가 얼마나 오랫동안 신앙생활을 했는지를 생각합니다. 그러나 우리가 우리의 삶을 되돌아볼 때, 우리는 종종 성령의 열매가 거의 없다는 것을 알게 됩니다.

얼마나 창피한 일인지요.
우리는 모두는, 만약 우리가 우리의 죄를 자백하면
그 분은 우리의 죄를 용서해주신다는 것을 압니다.

그러나 오늘 우리는 죄를 자백하고,
그리고 내일 다시 똑같은 죄를 짓습니다
회개에 합당한 열매가 거의 없습니다.

우리에게 화가 있을 것입니다!
우리는 얼마나 비참한지요!
우리는 얼마나 소망이 없는지요!

누가 우리의 이런 육적인 본성에서 우리를 해방시킬 수 있을까요? 그러나 우리 주 예수 그리스도를 통해서 우리를 구해내시는 하나님께 감사를 드립니다!
아멘!

"이에 비유로 말씀하시되 한 사람이 포도원에 무화과나무를 심은 것이 있더니 와서 그 열매를 구하였으나 얻지 못한지라 포도원지기에게 이르되 내가 삼 년을 와서 이 무화과나무에서 열매를 구하되 얻지 못하니 찍어버리라 어찌 땅만 버리게 하겠느냐 대답하여 이르되 주인이여 금년에도 그대로 두소서 내가 두루 파고 거름을 주리니 이후에 만일 열매가 열면 좋거니와 그렇지 않으면 찍어버리소서 하였다 하시니라"(누가복음 13장 6절~9절)

능동적인 성도

저는 말씀하시는 대로 행합니다.
당신은 저의 주인이십니다.

저는 보여주시는 대로 행합니다.
당신은 저의 비저너리(비전을 제시하는 사람)이십니다.

저는 감동 주시는 대로 행합니다.
당신은 은 저의 원동력이십니다.

저는 영감 받은 대로 행합니다.
하나님, 당신은 저에게 동기를 부여하시는 분이십니다.

저는 리드(lead)하시는 대로 행합니다.
당신은 저의 지도자이십니다.

저는 부득불 해야 하는 대로 행합니다.
당신은 저를 복종시키시는 분이십니다.

저는 맡기신 사명대로 합니다.
당신은 저의 보스(boss)이십니다.

저는 부르신 대로 행합니다.
당신은 저의 창조자이십니다.

일견, 그리스도인의 삶은 수동적으로 보입니다.
그러나 본질에서는 한 개인이 가질 수 있는
가장 역동적인 삶입니다.

성령님에 의한 그의 이끄심을 통해,
우리는 하나님, 당신의 기쁨을 위해
많은 일을 하도록 창조되었습니다.

"여호와여 말씀하옵소서 주의 종이 듣겠나이다."(사무엘상 3장~9절)

애쓰지 말아요

당신 뜻대로 하려고 애쓰지 마십시오.
될 일은 됩니다.
대신, 좁은 문으로 들어가려고 애쓰세요.

너무 애쓸 필요 없습니다.
하나님이 말씀하시는 건 뭐든지 일어날 겁니다.
대신, 성령님과 연합하기를 애쓰세요.

하나님 없이, 왜 그리 애쓰십니까?
당신은 아주 많은 노력을 했음에 불구하고
좋은 결과를 못 얻고 있군요.
그러니, 모든 사람과 화평하고 거룩해지기 위해 애쓰세요.

세상에서 성공하려고 너무 애쓰지 마십시오.
애쓴다고 다 성공하는 건 아닙니다.
대신, 당신의 부르심과 택하심을 확실히 하기 위해 애쓰세요.

세상에서 유명해지려고 너무 애쓰지 마십시오.
가만히 있질 못하는 당신을 볼 때마다 안쓰럽습니다.
대신, 하나님의 안식에 들어가려고 애쓰세요.
애쓰지 말아요!

"스스로 속이지 말라 하나님은 업신여김을 받지 아니하시나니 사람이 무엇으로 심든지 그대로 거두리라 자기의 육체를 위하여 심는 자는 육체로부터 썩어질 것을 거두고 성령을 위하여 심는 자는 성령으로부터 영생을 거두리라"(갈라디아서 6장 7절~8절)

성도로서 어떻게 사는가?

성도는 하나님의 아들을 믿는 믿음으로 살지
눈에 보이는 것으로 살지 않습니다.
성도는, "봐야 믿는다."라고 말하는 사람들 속에서
믿음으로 살아갑니다.

성도는 하나님의 은혜로 살지
자신의 노력으로 살지 않습니다.
성도는 인간의 노력을, 인생에 있어서 지켜야 할
최고의 가치 중 하나로 여기는 사람들 속에서
은혜로 살아갑니다.

성도는 하나님의 능력으로 살지
제힘으로 살지 않습니다.
성도는 하나님의 능력을 믿지 않는 사람들 속에서
위로부터 오는 능력을 덧입고 살아갑니다.

성도는 하나님의 기준으로 살지
이 세상의 기준으로 살지 않습니다.
성도는 자기 소견에 옳은 대로 늘 행하는 사람들 속에서
성경적 가치관을 기준으로 삼고 살아갑니다.

성도는 하나님의 영으로 살지
육신의 욕망으로 살지 않습니다.
성도는, 늘 육신의 욕망을 좇아 사는 사람들 속에서
자신성도의 욕망을 매일 죽이며 성령으로 살아갑니다.

"복음에는 하나님의 의가 나타나서 믿음으로 믿음에 이르게 하나니 기록된바 오직 의인은 믿음으로 말미암아 살리라 함과 같으니라"(롬 1:17)

둘 다 필요합니다

저는 이따금 바리새인들처럼 저 자신에게 엄격한 것이 좋다고 생각합니다. 비록 저는 성령 안에서 자유함을 누리고 있지만, 종종 제 몸을 쳐서 복종시키는 것이 필요하다고 생각합니다. 자유함과 엄격함, 저의 영적인 여정을 위해서 둘 다 필요한 것 같습니다.

오늘 저는 공동체 안에서 저의 형제자매들과 많은 대화를 나누었습니다. 그러나 하나님의 말씀을 들을 때는 조용히 있어야 할 것 같습니다. 잠잠히 있으면서 하나님의 말씀에 귀를 기울여야 할 것 같습니다. 저는 종종 하나님과 저, 단둘이 있으면서 사람들과 떨어져 있어야 할 것 같습니다. 그러나 저는, 저의 영적인 성장을 위해서 신앙 공동체 안에 있는 것도 필요합니다.

"지나치게 의인이 되지 말며 지나치게 지혜자도 되지 말라 어찌하여 스스로 패망케 하겠느냐 지나치게 악인이 되지 말며 우매자도 되지 말라 어찌하여 기한 전에 죽으려느냐 너는 이것을 잡으며 저것을 놓지 마는 것이 좋으니 하나님을 경외하는 자는 이 모든 일에서 벗어날 것임이니라"(잠언 7장 16절~18절)

제3부

뜻대로 은혜대로

하나님의 은혜

그 분 앞에 나아갑니다.
빈손으로 나아갑니다.

내게 필요한 유일한 것은...
그 분 하나님의 은혜입니다.

주님 앞에 잔잔히 섭니다.
벌거벗은 채로 주님 앞에 섭니다.

내게 필요한 것은...
다름 아닌 그 분의 은혜입니다.

그 분 앞에 무릎 꿇습니다.
흐르는 눈물을 주체할 수 없습니다.

내게 정말 필요한 것은
하나님의 은혜입니다.

"그러므로 우리가 긍휼하심을 받고 때를 따라 돕는 은혜를 얻기 위하여 은혜의 보좌 앞에 담대히 나아갈 것이니라."(히브리서 4장 16절)

덮어 주옵소서!

아버지,
저의 죄악을 당신의 은혜의 망토로 감싸 주옵소서.

아버지,
저의 수치를 당신의 영광의 망토로 가려 주옵소서.

하나님 아버지,
저의 약함을 당신의 능력의 외투로 덮어 주옵소서.

주여,
저의 부족함을 당신의 충만함의 외투로 가려 주옵소서.

무엇보다도,
저의 연약한 몸을 당신의 날개의 깃털로 보호해 주옵소서.

하나님의 사랑은 모든 허다한 죄를 덮습니다.

"여호와 하나님이 아담과 그의 아내를 위하여 가죽옷을 지어입히시니라"(창세기 3장 21절)

은혜로 사는 인생

우리는 믿음으로 말미암아 하나님의 은혜를 접하게
하나님의 자녀로 다시 태어납니다.
하나님의 은혜에 접속(access)하는 순간
우리는 하나님의 은혜의 둥지 안으로 들어가게 됩니다.

갓 태어난 아기 새처럼
우리는 하나님의 은혜의 날개 아래에서
보호를 받으며 지냅니다.

하나님의 은혜의 품 안에 있으면서
우리는 하나님의 말씀의 젖을 먹기 시작합니다.
젖을 떼면 우리는
부드러운 음식(말씀)을 먹기 시작합니다.

그리고 어린아이가 되며
우리는 단단한 음식(말씀)을 먹기 시작합니다.

청년으로서 우리는
하나님의 인자하심과 엄하심을 동시에 받아들이면서
하나님의 은혜 위에 두 발로 굳건히 서게 됩니다.

우리는, 하나님의 은혜의 둥지 안에 일정 기간 머물면서 하나님의 은혜의 손에 의해 영적으로 자라게 되는 것입니다.

그리고 때가 되면 우리는
하나님의 은혜의 둥지를 떠나
그 분의 은혜의 새로운 길을 걷기 시작합니다.

그 분은 은혜의 둥지를 흩으십니다.

그 분은 우리 위에서 너풀거리시며
그의 날개를 펴서 우리를 품으십니다.

그 분은 우리를 하늘 높이 들어 올려서
세상 즉, 광야로 인도하십니다.

하나님의 자녀로 우리는
세상 속에서 은혜에 의지하며 살아갑니다.

그러는 가운데 우리는 그 분의 은혜 안에서
강해지고 강해져서 영적인 어른으로 성장합니다.

우리, 하나님의 은혜를 입은 자로 세상 속에서 삽니다.
우리는 결국, 하나님의 은혜로 생을 마감하게 됩니다.

우리는 은혜로 삶을 시작하여 은혜로 마칩니다.
이게 바로 그 분의 은혜를 입은 자들이 이 땅에서 사는 모습입니다.

사랑하는 나의 형제자매들이여,
우리 늘 은혜로 살아갑시다.
이 세상 속에서 그 분의 은혜로만 살아갑시다.

우리 은혜로 살아갑시다.
우리 천국 갈 때까지 하나님의 은혜로 살아갑시다.

하나님의 은혜가 늘 당신의 삶을 따르길 소망하고 기도합니다.

"그러므로 우리가 믿음으로 의롭다 하심을 얻었은즉 우리 주 예수 그리스도로 말미암아 하나님으로 더불어 화평을 누리자 또한 그로 말미암아 우리가 믿음으로 서있는 이 은혜에 들어감을 얻었으며 하나님의 영광을 바라고 즐거워 하느니라"(로마서 5장 1절~2절)

공짜로 받는 것

우리는 "주는 것이 받는 것보다 낫다."라고
목사님들이 설교하시는 것을 듣습니다.

저도 이 말씀을 잘 알고 있습니다.
저도 그렇다고 믿습니다.

그러나 아낌없이 주는 걸 "계속하기란" 쉽지 않습니다.
"끊임없이" 후히 주는 건 몹시 어렵습니다.

제가 솔직하게 말해 볼까요?
저 궁핍해요.
저 가난해요.
저 빈털터리예요.

저는 정말 "시냇가에 심은 나무처럼
철 따라 열매를 맺으며 그 잎이 시들지 않는"
그런 사람이 되고 싶었습니다.

그러나 지금 저는 초췌함을 느낍니다.
저는 거의 피골이 상접해지고 있어요.
지금 저는 마르고 있는 것 같아요.
저는 거의 시들어 말라 죽고 있어요.

나의 하나님, 나의 하나님!
저는 당신의 은혜가 필요해요.
저는 측량할 수 없는 당신의 은혜의 부요함에 대한
경험을 절실히 갈망하고 있습니다.

당신의 은혜를 제게 주세요.
당신의 은혜를 풍성하게 주세요.

"우리가 그리스도 안에서 그의 은혜의 풍성함을 따라 그의 피로 말미암아 구속 곧 죄 사함을 받았으니 이는 그가 모든 지혜와 총명으로 우리에게 넘치게 하사 그 뜻의 비밀을 우리에게 알리셨으니 곧 그 기쁘심을 따라 그리스도 안에서 때가 찬 경륜을 위하여 예정하신 것이니"(에베소서 1장 7절~9절)

하나님의 뜻

하나님의 아들을 바라보세요.
그를 믿으세요.
그 분은 당신이 영원한 생명을 얻길 원하십니다.
이것이 당신을 향한 그 분의 뜻입니다.

당신의 죄를 회개하세요.
그 분께로 돌아가세요.
그 분은 당신이 멸망하지 않길 원하십니다.
이것이 당신을 향한 하나님의 뜻입니다.

술 취하지 마세요.
대신, 성령으로 충만하세요.
그 분은 당신이 이 땅에서
착하고 충성된 삶을 살길 원하십니다.
이것이 당신을 향한 그 분, 우리 하나님의 뜻입니다.

모든 성적인 죄로부터 멀리하세요.
그 분의 말씀과 기도로 거룩해지세요.
그 분은 당신이 예수님의 재림을 준비하길 원하십니다.
이것이 당신을 향한 하나님의 뜻입니다.

마지막으로, 항상 기뻐하세요.
쉬지 말고 기도하세요.
범사에 감사하세요.
이것이 그리스도 예수 안에서 당신을 향한 하나님의 뜻입니다.

저는 당신이 하나님의 뜻에 따라 살길 원합니다.

하나님은 그의 뜻에 따라 사는 자들에게 상 주실 겁니다.
그리고 때가 되면, 하나님은 당신을 향한
"그의 구체적인 뜻"을 드러내실 겁니다.
당신은 그 뜻을 발견하고 너무 기쁜 나머지
크게 소리를 지를 것입니다.

저는, 당신이 당신을 향한 하나님의 뜻을 발견하고,
따르며, 이루기를 소망합니다.

"사람이 하나님의 뜻을 행하려 하면 이 교훈이 하나님께로부터 왔는지 내가 스스로 말함인지 알리라."(요한복음 7장 17절)

결심

매일 회개하기로 결심했습니다.
매일같이 거룩함을 추구하기로 결심했습니다.
삶의 성수기든지, 비수기든지 전도하기로
결심했습니다.
지금부터 영원까지 진리와 함께 기뻐하기로 결심했습니다.
모든 상황 속에서 주님께 감사하기로 다짐했습니다.
모든 경우에 성령 안에서 기도하기로 다짐했습니다.
내 평생 성령충만하기로 다짐했습니다.
기회가 있을 때마다 모든 사람에게 선행하기로
다짐했습니다.

"그러나 내 종 갈렙은 그 마음이 그들과 달라서 나를 온전히 따랐은즉 그가 갔던 땅으로 내가 그를 인도하여 들이리니 그의 자손이 그 땅을 차지하리라"(민수기 14장 24절)

중요한 일부터 먼저

기도할 게 많아요.
그중의 하나가 나의 일용할 양식
나는 이렇게 기도했죠.
"오늘 제게 일용할 양식을 주세요"

무심코 나는 주기도문에 있는
'그의 나라와 관련된 것들'을 빼먹었죠.
우리의 삶 속에서 "그의 나라"를 우선시하는 건 쉽지 않죠.
갑자기, 내 마음 깊숙한 어느 곳에서 한목소리가 속삭였죠.
"믿음이 적은 자여! 부르심이 있었느냐? 환상은? 꿈은?"
"예. 뭐 좀 있었죠."

그 속삭임이 부드럽게 말했죠.
"하나님의 나라를 먼저 구하라!"
"예, 먼저 구합니다."

"저의 일용할 양식에 관해 먼저 기도해서 죄송해요.
그러나 저는 제 가족을 먹여 살려야 해요."
하나님이 말씀하셨어요.
"믿음이 적은 자여!"
"제 믿음을 더하여 주세요!"

내 마음, 내 사무실과 똑같다.
엉망이다. 제멋대로다.
종이들, 빈 커피잔

주님, 우리가 당신의 나라를

최우선에 두도록 도와주시옵소서.
그러면 다른 모든 것은 해결될 것입니다.

“너희는 먼저 그의 나라와 그의 의를 구하라 그리하면 이 모든것을 너희에게 더하시리라”(마태복음 6장 33절)

무엇이 중요한가요

그 분은 중심을 보십니다.
그러나 사람들은 겉모습을 봅니다.
당신은 지금 무엇을 보고 있나요?

그 분은 한 영혼도 귀하게 여기십니다.
그러나 사람들은 오직 큰 숫자만 중요하게 여깁니다.
당신은 무엇을 높이 평가하나요?

그 분은 마음의 의도를 저울로 재십니다.
그러나 사람들은 행동의 결과만 신경 씁니다.
사람들을 판단하는 당신의 기준은 무엇인가요?

하나님은 믿음이 있는 자들을 찾으십니다.
그러나 사람들은 돈이 있는 자들을 찾습니다.
당신은 지금 무엇을 찾고 있나요?

당신은 지금 무엇에 집중하고 있나요?
뭐가 당신에게 중요한가요?

"그리스도 예수 안에서는 할례나 무할례나 효력이 없으되 사랑으로써 역사하는 믿음뿐이니라."(갈라디아서 5장 6절)

세상을 향한 하나님의 마음

이 세상이나 이 세상에 있는 것들을 사랑하지 마세요.
대신, 마음을 다하고 목숨을 다하고 뜻을 다하고 힘을 다하여
하나님을 사랑하세요.

이 세상이나 이 세상에 있는 것들을 사랑하면 할수록
당신의 마음은 더 허해질 겁니다.
결국, 당신은 늘 실망할 거고 배신당할 겁니다.

하나님을 사랑하는 건 달라요. 하나님을 사랑하면 할수록
당신의 마음은 기쁨과 평안으로 흘러넘치고,
당신의 삶의 목적을 성취하는 것으로부터 오는 안식으로
가득 찰 것입니다.

여러분, 하나님 사랑을 추구하세요.
비록 당신의 생명을 걸어야 할지라도 말입니다.
하나님에게 모든 걸 걸어 보세요.
그래야 "나는 하나님을 진정 사랑했습니다."라고
자신 있게 말할 수 있습니다.

이 세상이나 이 세상 사람들을 증오하지 마세요.
대신, 이 세상으로 가서 당신이 전할 수 있는 모든 사람에게
예수님의 복음을 전하세요.

이 세상이나 이 세상 사람들을 증오하면 할수록
당신의 영혼은 메마를 겁니다.
하나님에 대한 당신의 마음은
무감각해지고 돌처럼 딱딱해질 것입니다.

결국, 당신은 조롱과 경멸의 대상이 될 거고,
하나님의 눈에도 그렇게 보일 겁니다.

이 세상 사람들을 향한 하나님의 마음은 달라요.
하나님은 이 세상 사람들도 예수님을 믿어 구원을 받고
진리 되신 예수님을 아는데 이르기를 원하십니다
(디모데전서 2장 4절)

목숨을 걸고 하나님의 사랑을
이 세상 사람들에게 전해 보세요.
복음에 모든 걸 걸어 보세요.
그래야 "나는 진정한 예수님의 제자였습니다."라고
말할 수 있습니다.

"하나님이 세상을 이처럼 사랑하사 독생자를 주셨으니 이는 저를 믿는 자마다 멸망치 않고 영생을 얻게 하려 하심이니라."(요한복음 3장 16절)

복음 택배기사

'제발, 제발 예수님을 믿으세요' 라고 말하고 싶지 않아요.
예수님을 믿어달라고 애원하고 싶지 않아요

만약 어떤 이가 예수님을
구세주로 받아들이기를 거부하거나
예수에게 제 삶을 의지해야 할 필요를 못 느낀다거나
저 혼자서도 잘 하고 있다 라고 말한다면
차라리 내 발에 있는 먼지를 떨어버릴 거예요.

복음이란 하나님의 최고의 사랑의 선물을
거부하니까요.

나는 복음 택배기사입니다.
나는 단지 그 선물을 확신과 기쁨으로 사람들에게 전하고 싶지
의심과 초조함으로 전하고 싶지 않아요.

어느 이웃이 '쓸모 없어요' 라고 말한다면
천국의 선물을 받으라고 강요하고 싶지 않아요.
기어이 "사양합니다!"라고 말하면
사랑의 선물을 받아달라고 애걸복걸하지 않을 겁니다.

그러나 만약 내 이웃 중에 어떤 사람이
하나님의 위대한 선물을 원한다면
혹은 그것에 대해 배고프고 목말라 한다면,
나는 당장 큰 기쁨으로 그에게 선물을 건네줄 겁니다.

당신은 이 선물을 정말 원하나요?
내가 기쁨으로 배달해 줄게요.

"하나님이 세상을 이처럼 사랑하사 독생자를 주셨으니 이는 저를 믿는 자마다 멸망치 않고 영생을 얻게 하려 하심이니라."(요한복음 3장 16절)

기도는 쉼 없는 호흡

기도하세요.
쉬지 말고 기도하세요.
당신이 기도를 멈추면, 의심과 근심과 걱정은
순식간에 홍수처럼 밀려들어 옵니다.
마치 밀물처럼 말입니다.

기도하세요.
쉬지 말고 기도하세요.
당신이 믿음으로 다시 기도할 때
의심과 근심과 걱정은 즉시 빠져나갑니다.
마치 썰물처럼 말입니다.

기도하세요.
쉬지 말고 기도하세요.

기도를 멈출 때 의심은 증가합니다.
기도하기 시작할 때 믿음은 커집니다.

저는 당신이 쉬지 말고 기도하기를 소망합니다.

"예수께서 그들에게 항상 기도하고 낙심하지 말아야 할 것을비유로 말씀하여"(누가복음 18장 1절)

모든 걸 그 분께 말하세요

배고픈가요?
예수님께 배고프다고 지금 말하세요.
그 분이 한꺼번에 오천 명을 먹이신 것처럼
당신을 먹이실 거예요.
그는 우리의 공급자이십니다.

외로운가요?
예수님께 외롭다고 지금 말하세요.
그 분이 그의 제자들에게 늘 함께하겠다고 말씀하신 것처럼
당신과 함께하실 거예요.
그는 우리의 친구이십니다.

슬픈가요?
예수님께 슬프다고 지금 말하세요.
그 분이 죽은 나사로를 위해 우셨던 것처럼
당신을 위해 우실 거예요.
그 분은 우리의 위로자이십니다.

피곤하나요?
예수님께 피곤하다고 지금 말하세요.
그 분이 사람들에게 "수고하고 무거운 짐진 자들아 다 내게로
오라 내가 너희를 쉬게 하리라."라고 말씀하신 것처럼
당신에게 진정한 휴식을 주실 거예요.
그는 안식일의 주인이십니다.

아프나요?
예수님께 아프다고 지금 말하세요.

그 분이 수많은 사람들의 각종 병을 고치셨던 것처럼
당신을 고치실 거예요.
그는 치료자이십니다.

기운이 없나요?
예수님께 기운이 없다고 지금 말하세요.
그 분이 그의 제자들에게
말씀과 성령을 통해서 힘을 주셨던 것처럼
당신에게 힘을 주실 거예요.
그는 전능하신 왕이십니다.

당신 자신이 초라하게 느껴지나요?
예수님께 당신의 초라함을 지금 표현하세요.
그 분이 당신에게, "너는 내가 택한 족속이요,
왕 같은 제사장이요, 거룩한 나라요,
그리고 하나님의 특별한 소유물이다."라고 말씀하실 거예요.
그는 용기를 주시는 분이십니다.

죄책감을 느끼나요?
예수님께 지금 당장 말하세요.
그 분이 십자가에서 흘리신 보혈로
당신의 모든 죄를 씻어주실 거예요.
그는 우리의 구원자이십니다.

지금 당장 예수님께 모든 것을 말하세요
그 분이 다 해결해 주실 거예요.

"너희가 내 안에 거하고 내 말이 너희 안에 거하면 무엇이든지원하는 대로 구하라 그리하면 이루리라"(요한복음 15장 7절)

이웃을 위해

하나님에 대한 당신의 사랑을 보여줄 수 있는
가장 좋은 방법 중의 하나는
당신의 이웃을 당신 자신처럼 사랑하는 것입니다.

그리고 당신의 이웃을 사랑하는
가장 좋은 방법 중의 하나는 그들을 위해 기도하는 것입니다.

당신이 당신의 이웃을 사랑할 때 사람들은
"당신이 하나님을 사랑한다는 것"을 알아챌 것입니다.

당신이 당신의 이웃을 위해 기도할 때 사람들은
"당신이 이웃을 사랑한다는 것"을 깨닫게 될 것입니다.

하나님을 어떻게 사랑해야 할지 잘 모르겠다구요?
아주 간단합니다.
당신의 이웃을 사랑하십시오.

당신의 이웃을 어떻게 사랑해야 할지 잘 모르겠다구요?
아주 쉽습니다.
당신의 이웃을 위해 기도하십시오.

기도하는 사람보다 진실된 그리스도인은 없습니다.
진정한 그리스도인은 이웃을 위해 기도합니다.

"모든 기도와 간구를 하되 항상 성령 안에서 기도하고 이를 위하여 깨어 구하기를 항상 힘쓰며 여러 성도를 위하여 구하라"(에베소서 6장 18절)

기뻐하세요

기뻐하세요
내가 다시 말합니다. 기뻐하세요

슬플 땐 하늘을 보세요.
당신과 함께 눈물을 흘리고 계신 예수님이 보이시나요?
그 분이 당신의 눈물을 기쁨으로 바꾸실 때까지 그 분의 임재
안에서 울어요.

기뻐하세요!
주 안에서 기뻐하세요!
주 안에서 늘 기뻐하세요.

기쁠 땐 하늘을 보세요.
당신에게 미소 짓고 계신 그 분이 보이시나요?
당신의 기쁨을 함께 나누고 계신 예수님과 웃어요.

크게 기뻐하세요
주 안에서 크게 기뻐하세요
주 안에서 늘 크게 기뻐하세요

기뻐하세요
내가 다시 말합니다.
기뻐하세요!

"저희가 별을 보고 가장 크게 기뻐하고 기뻐하더라."(마태복음2장 10절)

기뻐하라

기뻐하라!
주 안에서 기뻐하라!
먼저, 너의 약함을 기뻐하라.
그러면 그리스도의 능력이 네게 머무를 것이다.

그리스도 때문에 당하는 모욕을 기뻐하라.
그러면 하나님의 영광이 네게 임할 것이다.
고난 당하는 것을 기뻐하라.
그러면 너는 하나님의 나라에 들어갈 것이다.
그리스도 때문에 당하는 박해를 기뻐하라.
그러면 너는 천국에서 큰 상급을 받을 것이다.

마지막으로, 주 안에서 너 자신을 기뻐하라.
그러면 하나님은 네 마음의 소원을 확실히 주실 것이다.

"나로 말미암아 너희를 욕하고 박해하고 거짓으로 너희를 거슬러 모든 악한 말을 할 때에는 너희에게 복이 있나니 기뻐하고 즐거워하라 하늘에서 너희의 상이 큼이라 너희 전에 있던 선지자들도 이같이 박해하였느니라."(마태복음 5장 11절~12절)

제 4 부

믿음으로 사는 사람

믿음이란

믿음이란,
우리 마음 깊은 곳에서 우러나오는 강한 확신입니다.

믿음이란,
우리가 그리스도 안에서 소망하는 것은 때가 이르면
반드시 이루어진다는 강한 확신입니다.

믿음이란,
보이지는 않지만 아주 실제적인 하나님에 대한 무한한
신뢰입니다.

예수님, 우리의 믿음을 더하여 주시옵소서!
예수님, 우리에게 더 많은 믿음을 주시옵소서!

"믿음이 없이는 기쁘시게 못하나니 하나님께 나아가는 자는 반드시 그가 계신 것과 또한 그가 자기를 찾는 자들에게 상 주시는 이심을 믿어야 할찌니라"(히브리서 11장 6절)

편안하고 익숙한 곳을 나와서

우리는 새로운 것을 시도하는 것을 좋아합니다.
우리는 뭔가 새로운 도전에 직면하는 걸 좋아하죠.
신나서 죽을 지경입니다.

우리는 새로운 도전을 극복하는 데에
"타고난 사람"은 아니라는 걸 알고 있습니다.
그러나 적어도 나는 한번 해볼려구요.

이제 믿음으로 나아갈 때인 것 같습니다.
내가 굳이 이 일을 해야 할 필요는 없어요.
그러나 나는 이 일을 하려구요.

사실 하나님께서, 내가 이 일을 하길 원하시는 것 같아요.
적어도 이 일(새로운 도전)이 나를 죽이지는 않을 겁니다.
그래서 내가 잃을 게 뭐죠?

오히려, 오랫동안 틀에 박힌 삶을 살아왔던 게
나의 몸과 영혼을 부드럽게 그리고 서서히
죽일지도 모르겠습니다.

우리는 지금 편안하고 익숙한 곳을 떠나야 할 것 같아요.
우리에겐 도전이 필요해요.

"여호와께서 아브람에게 이르시되 너는 너의 고향과 친척과 아버지의 집을 떠나 내가 네게 보여 줄 땅으로 가라."(창세기 12장 1절)

믿음이 적은 자여

왜 그렇게 두려워하느냐?
왜 그렇게 의심하느냐?
왜 그렇게 불안해하느냐?
왜 그렇게 초조해하느냐?
왜 그렇게 안달을 하느냐?

여전히 너에게 믿음이 있느냐?
너의 믿음이 어디 있느냐?
이제는 보이지 않구나.

어제는 네가 엄청난 믿음을 보여주었다.
그러나 요즈음 너는 믿음을 보여주지 않는구나.

너의 믿음이 어디 있느냐?
너의 믿음이 어디 갔느냐?
잃어버렸느냐?
너에게 믿음이 있다면 내게 보이라!
지금 내게 보이라!

나는 믿음이 부족한 너에게 화가 난다.
나는 너의 믿음 없음에 놀라움을 금치 못한다.

내가 얼마나 오랫동안 믿음이 적은 너를 참아야 하느냐?
내가 얼마나 오랫동안 믿음이 없고 패역한 세대인 너와 함께
있어야 하느냐?

너의 믿음은 뜨뜻미지근한 물 같다.

너의 믿음은 뜨겁지도 차지도 않다.

너를 내 입에서 뱉어낼 것이다.
너의 믿음은 살아 있지 않고, 죽어 있다.
나는 살아 있는 자들의 주(主)지,
죽어 있는 자들의 주가 아니다.
나는 영적으로 죽은 자들로 하여금,
너를 너의 죽은 믿음과 함께 장사 지내게 할 것이다.

나는 오랫동안 일본에서 믿음이 있는 사람들을 찾고 있었다.
나는 일본에서 믿음의 사람을 수십 년 동안 찾고 있었다.
그러나 찾기가 쉽지 않구나.
불행하게도 나는 일본에서
아주 큰 믿음을 가진 자를 찾지 못했다.

너는 내가 왜 일본에서 많은 기적을 행하지 않은 줄 아느냐?
그것은 너의 믿음이 부족하기 때문이다.
믿음이 적은 자여, 너는 너의 믿음을 더 강화시켜야만 한다.

"내가 너희에게 이르노니 속히 그 원한을 풀어주시리라. 그러나 인자가 올 때 세상에서 믿음을 보겠느냐 하시니라."(누가복음 18장 8절)

경고 싸인

때때로, 어려움과 역경, 그리고 슬픔이
우리에게 유익이 되기도 합니다.

이런 것들은 우리가 믿음 안에 있는지,
믿음으로부터 벗어났는지를 점검하는데에 도움이 될 것입니다.

이런 것들은 우리의 내면을 들여다보고,
정직하게 우리 자신을 살펴보게 만듭니다.

시련은, "육적인 것들로부터 너희의 시선을 떼라!
헛된 영광으로부터 멀리 떨어져라!"라고
우리에게 일깨워주는 하늘이 주신 경고 신호일 수 있습니다.

"너희는 믿음 안에 있는가 너희 자신을 시험하고 너희 자신을 확증하라 예수 그리스도께서 너희 안에 계신 줄을 너희가 스스로 알지 못하느냐 그렇지 않으면 너희는 버림받은 자니라"(고린도후서 13장 5절)

하나님 対 돈

이 세상에는 두 주인이 있습니다.
즉, 하나님과 돈입니다.
둘 다 어마 무시한 힘을 가지고 있습니다.

하나님께는 자기 소유의 많은 종이 있습니다.
그들은 하나님께 충성합니다.

돈도 자신이 부리는 많은 노예가 있습니다.
그들은 돈에 굴종합니다.

현실에서, 돈은 사람들에게 마술을 부립니다.
그렇습니다. 돈은 바로 하나님처럼 매혹적입니다.

실제로, 하나님과 돈은 사랑과 헌신에 있어서
서로 라이벌 관계입니다.

어떤 때 우리는, 하나님과 사랑에 빠집니다.
또 어떤 때 우리는, 돈에게 키스를 하며 바람을 피웁니다.
수도 없이 우리는, 두 연인 사이에 누구를 선택해야 할지
갈팡질팡합니다.

매일의 삶 속에서 우리는 하나님과 씨름합니다.
우리는 매일 돈 문제로 싸웁니다.

어떤 때 하나님은, 우리의 유익을 위해 우리를 때려눕히십니다.
또 어떤 때 우리는, 수치스럽게도 돈의 발 앞에 무릎 꿇습니다.
이러한 경우에, 우리는 패자이지 승자는 아닙니다.

그리니 오늘, 우리 모두가 돈이 아니라
하나님을 섬기는 것을 선택하기를 기도합니다.
하나님만 바라봅니다.

"한 사람이 두 주인을 섬기지 못할 것이니 혹 이를 미워하며 저를 사랑하거나 혹 이를 중히 여기며 저를 경히 여김이라 너희가 하나님과 재물을 겸하여 섬기지 못하느니라"(마태복음6장 24절)

당신도 부자가 될 수 있습니다

한 사람이 있는데 그는 부자처럼 보입니다.
보통, 사람들은 그를 부자라고 부릅니다.

그러나 그에게는, 진짜 가치는 것이 하나도 없습니다.
이것이 진실입니다.
왜냐하면, 그는 자기 자신만을 위해
이 땅에 재물을 쌓기 때문입니다.
이런 부류의 사람들은 우리 주위에 널려 있습니다.

또 한 사람이 있는데 그는 가난하게 보입니다.
그러나 그는 우리가 상상할 수 있는 것보다 훨씬 부자입니다.

그는 하늘에 보물을 쌓습니다.
그에게 돈은 없습니다.
그는 여느 때처럼 오늘도 빈털터리입니다.

그러나 그는 많은 사람을 부요하게 만듭니다.
그에게 아무것도 없다는 것은 정말 맞는 말입니다.
그러나 동시에 그는 모든 것을 소유한 자입니다.

흥미롭게도, 그의 기도를 통해 영적인 돈이 흐릅니다.
그는 영적 자본 시장의 숨겨진 큰 손입니다.
이런 현상은 하나님의 나라에서 흔한 일입니다.

그렇습니다, 그는 하나님에 대해서 부자입니다.
그는 믿음과 선한 일에 있어서 부자입니다.
그는 풍족하게 보상받을 것입니다.

당신도 부자가 될 수 있습니다.
저는 당신이 부자가 되기를 기도하고 있습니다.

"네가 이 세대에 부한 자들을 명하여 마음을 높이지 말고 정함이 없는 재물에 소망을 두지 말고 오직 우리에게 모든 것을 후히 주사 누리게 하시는 하나님께 두며 선한 일을 행하고 선한 사업에 부하고 나눠주기를 좋아하며 동정하는 자가 되게 하라 이것이 장래에 자기를 위하여 좋은 터를 쌓아 참된 생명을 취하는 것이니라"(디모데전서 6장 17-19절)

천직

어떤 사람들은 다섯 가지 달란트(재능)을 가지고 태어납니다. 예를 들어 다섯 달란트를 가진 사람은, 똑똑한 머리, 음악적 재능, 운동과 관련된 재능, 크게 존경받는 집안, 그리고 물려받은 재산으로 얻은 부요 등 일 것입니다.

또 어떤 사람들은 두 가지 달란트를 받습니다. 두 달란트를 가진 사람을 예로 들자면 아마도, 머리가 아주 똑똑하고 재능 있는 뮤지션일 것입니다.

또 어떤 사람들에게는 하나님께서 오직 한 달란트만을 맡기십니다. 그러한 사람은 아마도 운동을 아주 잘 하지만, 그 이외는 특출한 것이 없는 사람일 것입니다.

인생은 불공평하게 보입니다. 그렇습니다, 불공평합니다. 세상은 공평하지 않습니다.
그러나 하나님은 말씀하십니다. "한 달란트만 받은 자들아, 그 한 달란트를 가지고 열심히 일하라! 한 달란트를 더 남겨라! 만약 너희가 한 달란트를 더 남긴다면, 내가 너희를 "착하고 충성된 종"이라고 부를 것이다.

두 달란트를 받은 자들아, 그 두 달란트를 가지고 더 열심히 일하라! 만약 너희가 두 달란트를 더 남긴다면, 내가 너희를 "착하고 충성된 종"이라고 부를 것이다. 다섯 달란트를 받은 자들아, 너희는 가장 열심히 일해야 한다! 다섯 달란트를 더 남겨라. 만약 너희가 다섯 달란트를 더 남긴다면, 나는 너희를 "착하고 충성된 종"이라고 확실히 부를 것이다. 너희도 알다시피, 많이 받은 자에게는 많이 요구할 것이요 많이 맡은

자에게서는 더욱더 많이 찾을 것이니라. 이것을 명심하라.

다섯 달란트 받은 자들아!
교만하지 마라.
너희는 다른 사람들보다 더 큰 책임이 있다.

한 달란트만 받은 자들아!
너희는 게으르지 마라.
땅에 구멍을 파서 너희의 한 달란트를 감추어 두지 말아라.
평생 적극적으로 그 달란트를 사용해서 한 달란트만 더 남겨라.

걱정하지 마라!
나는 너희에게 많은 걸 요구하고 있지 않다.
그러니 "하나님은 불공평하세요!"라고 불평하지 마라.

언젠가 너희가 모두 내 앞에 설 거라는 것을 기억하라.
작은 자로부터 큰 자까지 내가 너희를 결산할 것이다.
인생이 불공평하다는 것을 나는 알고 있다.
그러나 나는 공평하다.
나는 공평의 하나님이다.

내가 준 달란트를 가지고 나의 나라와 나의 의를 위해 열심히 일하라. 이것이 "너의 천직"이다.

"푯대를 향하여 그리스도 예수 안에서 하나님이 위에서 부르신 부름의 상을 위하여 달려가노라."(빌립보서 3장 14절)

어깨에 짐 하나

우리 어깨에는 보이지 않는 삶의 짐이 있습니다. 우리 어깨에 놓인 삶의 짐의 종류와 개수, 그리고 무게는 사람마다 다릅니다.

하나님은 각각 그 능력에 맞게, 어떤 사람에게는 한 개, 또 어떤 사람은 두개, 또 어떤 사람은 다섯 개의 짐을 맡기십니다. 그들은 그 짐들을 어깨에 메고 먼 인생길을 뚜벅뚜벅 그리고 끊임없이 걸어갑니다.

짐이 없이 맨몸으로 인생길을 걸을 수만 있다면 얼마나 좋겠느냐마는 우리에게는 감당해야 할 삶의 짐이 있는 것입니다. 어깨에 놓인 짐 없이 인생길을 걷고 있는 사람은 아무도 없습니다. 그래도 감사한 건, 이생에서의 짐을 함께 들어 줄 다른 그리스도인들이 있다는 것입니다.

성경은 우리 그리스도인들에게 "짐을 서로 지라"라고 명령합니다(갈라디아서 6:2). 이 말씀에 순종하여 그리스도 안에서 우리는 서로 도우며 살아갑니다. 그리고 이것이야말로 "그리스도의 법"(사랑의 법)을 성취하는 길입니다.

그러나 우리 어깨 위에 놓인 짐 중에는, 다른 그리스도인들이 우리를 위해 들어 줄 수 없는 "짐 하나" 있습니다. 누구에게도 도와달라고 부탁할 수 없습니다. 어느 누구도 우리를 위해 들어줄 수가 없습니다. 그것은 우리 모두가 지어야 할 "특별한 짐"(갈라디아서 6:5)입니다.

저는 개인적으로 그것을 "십자가"라고 부릅니다. 그것은"소명"(부르심)이라고 부를 수 있겠습니다. 우리 자신밖에 감당할 사람이 없는 짐입니다. 하나님이 어느 누구에게도 아닌 당신에게만 맡기신 아름답고 고귀하며 영광스러운 짐입니다. 이것은 다른 그리스도인들이 우리를 위해 마실 수 없는, 우리 혼자 마셔야 할 "잔"이기도 합니다(마태복음 20:22).

"어이쿠"라고 한숨 소리가 들리는군요. 그러나 낙심하지 마세요. 우리를 도우실 수 있는 실제적인 한 분이 계십니다. 우리에게는 예수님이 계십니다. 예수님은 우리의 십자가도 함께 지실 수 있습니다. 그 누구도 우리를 위해 우리의 십자가를 함께 질 수 없지만, 오직 예수님은 우리를 도우실 수 있습니다. 왜냐하면, 예수님은 이 세상에서 가장 무겁고 고통스러운 십자가를 메셨기 때문입니다.

지금 당신의 십자가가 무겁고 힘겨우신가요? 혼자 메고 가지 마세요. 예수님께 나아가서 은혜를 구하세요. 그러면 비록 당신 혼자 짊어져야 할 십자가이지만 감당할 수 있을 거예요.

만약 당신이 예수님의 도움을 구하면, 당신은 곧 당신의 십자가가 이전보다 더 가볍다는 것을 느낄 겁니다. 그리고 사람들이 말할 거예요.
"저 무거운 십자가를 어떻게 혼자 기쁨으로 감당할 수 있지? 대단한 사람이야!"

그러니, 예수님에게 나아가세요. 십자가를 메고 가다가 지쳤다고 말하세요. 더는 메고 갈 수 없다고 말하세요. 예수님께 도와 달라고 말하세요. 그러면, 예수님이 당신의 피곤한

손과 연약한 무릎을 다시 일으켜 세워 주실 거예요. 예수님이 당신의 발을 위하여 휘어진 길을 다시 곧게 만들어 주실 거예요. 예수님이 당신의 다리가 어그러지지 않게 고쳐 주실 거예요.

이제 잠시 내려놓았던 당신의 십자가를 다시 어깨에 메고 하루 하루 예수님과 함께 천국을 향해 걸어가세요. 예수님이 계신 그곳 말이에요.

그래도 종종 힘들 때가 있을 거예요. 그때마다 예수님이 지셨던 십자가, 예수님이 달려 돌아가신 십자가를 바라보세요. 다시 힘이 날 겁니다.

자, 예수님과 함께 다시 시작합니다.

"각각 자기의 짐을 질 것이라."(갈라디아서 6장 5절)

멈출 수 없는 사랑

사랑하다는 것은,
목양을 한다는 것은,

이전에 나는, 저항할 수 없는 사랑이
내 속에서 불타는 경험을 했습니다.

또 다시 격렬한 사랑에 압도될까 봐 정말 두려웠습니다.
이 미친 사랑이 나를 다치게 할까 두려웠습니다.
밤이 새도록 잠 못 이루고 침대 위에서
뒤척일까 봐 두려웠습니다.

이런 공포가 나를 힘들게 만들었고,
그래서 내 주위에 있는
사람들과 거리를 두었습니다.
그러나 지금 하나님은 또다시 내 마음속에
자신의 완전한 사랑을 붓고 계십니다.

하나님은 "네가 나를 사랑하느냐? 내 양을 먹이라!"라고
말씀하시면서, 나로 하여금
십자가의 사랑으로 그의 양들에게 더
가까이 가도록 용기를 주고 계십니다.

내가 만약 그리스도의 심장과 같은 심장으로
그들을 사랑한다면, 그들의 가시 돋친 말이 나의 심장을
찌르리라는 것을 나는 알고 있습니다.

만약 그들이 나를 배신하면 어쩔 겁니까?

그것은 예수님의 머리에 놓여진 가시관과도 같을 겁니다.
내 마음은 끊임없는 고뇌와 함께 갈기갈기 찢길 것입니다.
그것은 틀림없이 내 마음을 아프게 할 것입니다!

그러나 나는, 내 마음속에 부어지는
이런 미친 사랑을 멈출 수가 없습니다.

사람들을 사랑하는 것
그것은 나의 소명입니다.

"그들이 조반 먹은 후에 예수께서 시몬 베드로에게 이르시되 요한의 아들시몬아 네가 이 사람들보다 나를 더 사랑하느냐 하시니 이르되 주님 그러하나이다 내가 주님을 사랑하는 줄 주님께서 아시나이다 이르시되 내 어린 양을 먹이라 하시고 또 두 번째 이르시되 요한의 아들시몬아 네가 나를 사랑하느냐 하시니 이르되 주님 그러하나이다 내가 주님을 사랑하는 줄 주님께서 아시나이다 이르시되 내 양을 치라 하시고 세 번째 이르시되 요한의 아들 시몬아 네가 나를 사랑하느냐 하시니 주께서 세 번째 네가 나를 사랑하느냐 하시므로 베드로가 근심하여 이르되 주님 모든 것을 아시오매 내가 주님을 사랑하는 줄을 주님께서 아시나이다 예수께서 이르시되 내 양을 먹이라"(요한복음 21장 15절~17절)

주의 날이 가까움을 볼수록

우리가 서로 사랑하면
우리가 예수님의 제자인 것을 세상 사람들이 알 겁니다.

우리 서로 사랑해요.
주의 날이 가까움을 볼수록 우리 더욱 서로 사랑해요.

우리가 선행을 하면
세상 사람들도 하나님을 찬양할 겁니다.

우리 선행을 해요.
주의 날이 가까움을 볼수록 우리 결코 선행을 포기하지 말아요.

우리가 가진 것을 서로 나누면
세상 사람들은 우리에 대해서 호의적으로 생각할 겁니다.

우리 서로 나누어요.
주의 날이 가까움을 볼수록 우리 더욱더 서로 나누며 살아요.

주의 날이 가깝습니다.
예수님은 곧 다시 오십니다.

아멘!
주여, 오시옵소서!

"형제들아 때와 시기에 관하여는 너희에게 쓸 것이 없음은 주의 날이 밤에 도둑같이 이를 줄을 너희 자신이 자세히 알기 때문이라 그들이 평안하다, 안전하다 할 그 때에 임신한 여자에게 해산의 고통이 이름과 같이 멸망이 갑자기 그들에게 이르리니 결코 피하지 못하리라 형제들아 너희는 어둠에 있지 아니하매 그 날이 도둑 같이 너희에게 임하지 못하리니 너희는 다 빛의 아들이요 낮의 아들이라 우리가 밤이나 어둠에 속하지 아니하나니 그러므로 우리는 다른 이들과 같이 자지 말고 오직 깨어 정신을 차릴지라"(데살로니가전서 5장 1절~6절)

순결한 신부

예수님을 바라보는 신부의 눈이 어찌 그리 아름다운지요!
그녀는 신랑 되신 예수님을 우러러봅니다.

신랑의 음성을 듣는 신부의 귀가 어찌 그리 아름다운지요!
그녀는 신랑 되신 예수님의 말씀에 귀 기울입니다.

신랑을 찬양하는 신부의 입술이 어찌 그리 이름다운지요!
그녀는 신랑 되신 예수님을 노래합니다.

신랑께 기도하는 신부의 손이 어찌 그리 아름다운지요!
그녀는 신랑 되신 예수님께 모든 의로운 일을 위해 간절히 구합니다.

예수님의 복음을 전하는 신부의 발이 어찌 그리 아름다운지요!
그녀는 신랑 되신 예수님이 곧 오실 것을 사람들에게 이야기합니다.

신랑께 순결하고 온전한 산 제사로 드리는 신부의 몸이 어찌 그리 아름다운지요!
그녀는 신랑 되신 예수님과의 혼인 잔치를 기다립니다.

순결한 신부의 삶이 어찌 그리 아름다운지요!
예수님의 재림을 준비하는 신부의 삶이 어찌 그리 아름다운지요!

"그리고 나 요한은 거룩한 도시 새 예루살렘이 하나님 계신 하늘에서 내려오는 것을 보았습니다. 그 광경은 마치 결혼식에 단장한 신부

가 내려오듯 아름답고도 영광스러운 것이었습니다." (요한계시록 21장 2절)

연애편지

당신의 신랑 되시는 예수님에게 편지를 쓰세요.
당신을 위한 그의 헌신적인 사랑에 대해서 써봐요.

그 분과 첫사랑에 빠졌을 때를 편지에 써봐요.
당신의 남편 되시는 그 분에게 편지를 쓰세요.

당신을 향한 그 분의 무한하신 사랑에 대해서 써봐요.
그 분을 향한 당신의 미친 사랑에 대해서 써봐요.

가을엔 그 분에게 편지를 쓰세요.
이 계절엔 그 분에게 편지를 쓰세요.

그 분, 예수님에게 연애편지를 쓰세요.

"내 사랑하는 자는 희고도 붉어 많은 사람 가운데에 뛰어나구나. 머리는 순금 같고 머리털은 고불고불하고 까마귀 같이 검구나. 눈은 시냇가의 비둘기 같은데 우유로 씻은 듯하고 아름답게도 박혔구나. 뺨은 향기로운 꽃밭 같고 향기로운 풀 언덕과도 같고 입술은 백합화 같고 몰약의 즙이 뚝뚝 떨어지는구나. 손은 황옥을 물린 황금 노리개 같고 몸은 아로새긴 상아에 청옥을 입힌 듯하구나. 다리는 순금 받침에 세운 화반석 기둥 같고 생김새는 레바논 같으며 백향목처럼 보기 좋고 입은 심히 달콤하니 그 전체가 사랑스럽구나. 예루살렘 딸들아 이는 내 사랑하는 자요 나의 친구로다."(아가서 5장 10절~16절)

두 나무

태초에 두 그루의 특별한 나무가 에덴동산에 있었습니다. 한 그루의 나무는 사람들에게 영생을 주는 나무였습니다. 그 나무는 "생명나무"라 불렸습니다. 또 다른 한 그루의 나무는 선과 악을 알게 하는 나무였습니다. 그 나무는 "지식나무"라 불렸습니다.

아담과 하와는 하나님이 따먹지 말라고 하신 "지식나무"의 열매를 따먹었습니다. 하나님의 말씀에 대한 불순종으로 말미암아 그들은 에덴동산에서 쫓겨났고, 그들은 영원히 살지 못하고 죽을 수밖에 없는 운명에 처하게 되었습니다.

타락 이후에도 하나님이, 그들이 에덴동산에서 계속 살도록 허락하셨다면 그들은 "생명나무"의 열매를 따 먹었을 것이며, 그러면 그들은 죄와 함께 영원히 살 수 있었을 겁니다.

하나님이 원래 작정하셨던 대로 아담과 하와는 더 이상 영원히 살지 못했습니다. 실제로, 그들은 죽었습니다. 아담은 930년을 살다가 죽었습니다(창세기 5:5). 창세기 6장 3절에 하나님은, 사람의 수명이 120년이 될 것이라고 선언하십니다. 그리고 아담의 원죄로 말미암아 지금 우리의 수명도 70년이 보통이고, 강건해야 80년을 살다가 죽습니다.

그러나 아담의 타락 이후, "지식"은 늘 지속적으로 증가하였습니다(다니엘서 12:4). 오늘날, 인간의 지식은 폭발적이고 급격한 비율로 증가하여(AI, 인공지능), 인간의 지식은 거의 하늘에 닿았습니다(창세기 11:4). 다시 말해, 인간의 지식은 손을 뻗어 "생명나무"의 열매도 따먹을 수 있는 수준에 거의 도달했습니다(창세기 3:22, 유전자 편집).

실제로, 영원히 살고자 하는 욕망은 도달할 수 없는 한낱 꿈이 아닌 것처럼 보입니다. 우리가 여전히 죄를 지어도 지식으로 말미암아 영원히 살 수 있는 길이 열린 것처럼 보입니다. 이것은 예수 그리스도의 보혈의 공로 없이도 영생을 얻을 수 있는 사탄의 계략인 것입니다. 사탄은 이러한 노력들을 통해서 거의 성공한 것처럼 보입니다.

그러나 하나님은, 인간이 먼저 죄 문제에 대한 해결 없이 영생을 얻도록 내버려 두시지는 않으십니다. 하나님은, 누구도 예수 그리스도를 통하지 않고서는 영생을 얻을 수 없다고 말씀하십니다.

지금도 "그룹들과 두루 도는 불 칼"이 "생명 나무"로 가는 길을 지키고 있습니다(창세기 3:24). 예수님의 피와는 별개로 그 열매를 따 먹으려고 하는 사람은 누구든지 죽음을 면치 못할 것입니다. 그들의 시도는 결코 성공하지 못할 것입니다. "지식"을 통해 이루려고 했던 영생의 꿈은 실패로 끝날 것입니다.

예수님은 이 땅에 다시 오십니다. 예수님은 아마겟돈 전쟁에서 승리하시고, 천 년 동안 이 땅을 통치하십니다. 그 후에 사탄은 불과 유황 못에 던져질 것입니다(요한계시록 20:10). 처음 하늘과 처음 땅은 없어질 것입니다. 새 하늘과 새 땅이 생길 것이며, 거기에 새 예루살렘이 하늘에서 내려와 새 땅 위에 세워질 것입니다(요한계시록 21:2). 새 예루살렘의 길 가운데를 흐르는 "생명수의 강"이 있을 것입니다. 강 좌우에는 "생명나무"가 있어 열두 가지 열매를 맺을 것입니다(요한계시록 22장).

예수님의 보혈의 공로로 죄사함 받고 구원받은 우리는, "생명나무"의 열매를 따 먹고 "생명수"도 마시게 될 것입니다.

할렐루야!

우리는 영원한 생명을 얻게 될 것입니다.

마라나타! 주 예수여, 어서 오시옵소서!

"여호와 하나님이 가라사대 보라 이 사람이 선악을 아는 일에 우리 중 하나 같이 되었으니 그가 그 손을 들어 생명나무 실과도 따먹고 영생할까 하노라 하시고 여호와 하나님이 에덴동산에서 그 사람을 내어 보내어 그의 근본된 토지를 갈게 하시니라 이같이 하나님이 그 사람을 쫓아내시고 에덴동산 동편에 그룹들과 두루 도는 화염검을 두어 생명나무의 길을 지키게 하시니라"(창세기 3장 22절~24절)

나의 하나님은 멋져요

나는 한국 역사를 잘 몰라요.
나는 미국 역사를 잘 몰라요.
나는 성경을 잘 몰라요.

그러나 나는 내가 김치를 좋아하는 걸 알아요.
그리고 나는 내가 시카고 피자를 좋아하는 걸 알아요.
가장 중요한 건, 나는 내가 하나님을 사랑한다는 걸 알아요.

하나님에 의해 내가 얼마나 아름답고 멋지게 창조되었는지요!
나의 하나님은 얼마나 놀라운 분이신지요!

지금 나는, 나를 신실한 한국계 미국인 크리스천이라고
주장하는 건 아니에요.
그러나 나는 그렇게 되려고 노력하고 있어요.
왜냐하면, 만약 내가 믿음으로 살면 나는 신실한 크리스천이
될 수 있을 거니까요.

나는 한국을 사랑해요.
나는 미국을 사랑해요.
나는 하나님을 사랑해요.

*이 시는 샘쿡(Sam Cooke)의 "Wonderful World"의 가사를 인용한 시로서 미국 시카고에 살 때 태어난 첫째 딸 한나의 마음으로 쓴 노래입니다.

모든 건 당신을 위해

아침 해가 떠오릅니다.
부드러운 산들바람이 불어요.
아름다운 바다는 반짝거립니다.
누가 이 모든 걸 만들었을까요?

공중에 새들이 노래하고 있습니다.
흔들리는 나뭇잎들이 속삭이고 있어요.
밤하늘의 무수한 별들은 반짝반짝 빛나고 있습니다.

이 모든 것은 당신을 위한 것이에요.
창조된 모든 것은 당신을 향한 사랑의 노래입니다.
하나님은 당신을 향한 변함없는 사랑을 보여주시기 위해
모든 것을 만드셨어요.

하나님의 사랑은 늘 당신을 부드럽게 감싸고 있어요.
태양이 늘 떠오르는 것처럼, 그의 사랑은 영원합니다.
태양이 늘 떠오르는 것처럼, 그의 사랑은 절대 사라지지 않을 거에요.

* "광야를 지나며"를 작사, 작곡한 장진숙 자매의 "널 위해"라는 곡을 번안하고, 그걸 다시 한국어로 번역해 보았어요. 하나님이 창조하신 자연을 보며 여러분을 향한 하나님의 사랑을 느껴보시기 바랍니다.

인생에 가을이 오면*

인생에 가을이 오면
질문 하나를 할 거예요.

인생에 가을이 오면
나 자신에게 이런 질문을 할 거예요.

"당신은 사람들을 당신 몸과 같이 사랑했나요?"

장래에 후회 없이 이 질문에 대답할 수 있도록
지금 당장 가능하면 많은 사람을 사랑할 거예요.

인생에 가을이 오면
질문 하나를 더 할 거예요.

"당신은 마음을 다하며 목숨을 다하며 힘을 다하며
뜻을 다하여 하나님을 사랑했나요?"

가을이 다가오네요.
내 인생에도.

*김준엽의 "내 인생의 가을이 오면"을 인용하여 노래 가사로 써 본 시입니다.

제5부

작은자의 고백

외로운 남자

가끔 혼자 있는 때 생기가 넘칩니다.
기꺼이 그리고 기쁨으로 고독을 즐깁니다.

그렇다고 해서 나는 "외로운 남자"(Mr. Lonely)는 아닙니다.
그러나 때로는 외국인으로 산다는 게 내가 속한 사회로부터
소외된 느낌이 들게 만듭니다.

그것은 내 가까이에 있는 사람들로부터도
단절된 느낌이 들게 만듭니다.

도쿄와 같은 큰 도시에서는 특히 그렇습니다.
도쿄 사람들은 "깊고 친밀한 관계를 맺는 것" 보다 오히려
늘 서로 거리(1.5 미터)를 두는 것을 좋아하는 것처럼 보입니다.

도쿄 사람들은 그들 자신의 전통과 스스로 만든 규칙을 따른다고
너무 바쁩니다. 그들은 성문법과 관습법에 따라서 살아갑니다.
그들은 엄격하게 훈련받은 운동선수처럼 행동합니다.
그들은 마치 인조인간 로봇 같습니다.

그들과 접촉하는 일을 내가 먼저 주도하지 않으면 부탁받지
도 않은
나에게 그 누구도 접근하지 않는다는 것을 압니다.

그들과 소통하기 위해서 내가 엄청 노력하지 않으면
아무도 내게 걸어와 "안녕하세요!"라고 말하지 않을 것입니다.

내가 먼저 말을 걸 수밖에 없는 장소 혹은

그런 상황으로 나 자신을 던지려고 무진장 애쓰지 않으면
아무도 나와 대화하는 데에 진정으로 흥미를 느끼고
나의 삶 속으로 다가오지 않을 것입니다.

실제로, 도쿄에서의 삶은 히키코모리(은둔형 외톨이)가
되기 아주 쉽습니다.
선교사라고 전혀 예외는 아닙니다.

조심하십시오!
주의하십시오!
그렇지 않으면 당신도 조금씩 마법의 늪(영적으로 넋을 잃게
만드는 환경)에 빠질지도 모릅니다.

침묵의 소리

여기가 제 사무실입니다.
집 근처 맥도날드의 이 층에 있습니다.
저는 늘 소설책과 성경책을 가지고 출근합니다.

제 사무실에는 거리가 내다보이는 큰 창문이 하나 있습니다.
약 십여 명의, 검고 생기 없는 표정을 한 사람들이 지나가고 있습니다.

도쿄에서의 침묵의 소리는 계속됩니다.

빗속을 거닐며

검은 머리를 한 남자는 우산을 가지고 오는 것을
까먹은 듯 보이네요.

아마도 전철 안에 우산을 두고 내렸을
가능성이 더 커 보입니다.

가끔 빗속을 거니는 건 그리 나쁘지 않아요.
그게 얼마나 향수를 불러일으키는지요!

지금 나 홀로 빗속을 거닙니다.
우산도 없이 말입니다.

큰 배 위에서

지금 밤하늘을 봅니다.
큰 배 위에 있습니다.

넓은 바다가 내 바로 앞에서 펼쳐집니다.
와우!

바람은 부드럽게 붑니다.
빗속에서 로맨틱한 노래 몇 곡을 듣고 있습니다.

내가 사랑하는 사람들과 함께.
특히, 내 아내와 함께.

이런 것들이 나를 다시 살아나게 만듭니다.
살아 있음을 느낍니다.

일본에서 선교를 계속 하려고 합니다.
감사합니다, 예수님!

달리자

4년 동안 가만히 있었다.
2년 동안 천천히 걸었다.

이제, 달리 준비가 되었다.

달리고, 달리고, 달리자.
예수님과 함께 달리자.

결국, 나는 독수리처럼 날 것이다.

밥만 먹고 살 것인가?

일본인들은 밥만 먹고도 충분히 잘 삽니다.
그렇습니다, 그들은 수천 년 동안 하나님의 말씀 없이도 살아남았고, 잘살고 있으며, 번창하고 있습니다.

그들은 일합니다.
그들은 돈을 법니다.
그들은 먹을 걸 삽니다.
그들은 먹고 마십니다.
그들은 그들의 삶을 즐깁니다.
그들은 오래 삽니다.
그들은 이런 주기(싸이클)를 반복합니다.
그것은 대대로 계속 이어질 것 같습니다.

하나님의 말씀 없이 일본인들은 잘 하고 있습니다.
그들을 귀찮게 할 필요가 있을까요?
그냥 그들이 그렇게 살도록 놔둡시다!

그러나 때가 오고 있습니다.
이런 사악한 사슬은 끊어져야 합니다.
그들은 밥만으로 잘 살 수 없습니다.
하나님의 말씀 없이 일본인들은 못살 것입니다.
언젠가 그들은 하나님의 입에서 나오는 모든 말씀으로 살 것입니다.

간절히 하나님을 찾는 사람들

그들에게 예수님은
관심이 전혀 없는 것처럼 보입니다.

아마도 그것은 불필요 이상인 것 같습니다.
그들은 종교에 있어서는 관심이 제로인 것 같습니다.
도쿄 사람들에게 예수님이 전혀 필요 없습니다.

일본인들은 그들의 길을 가고 있습니다.
우리는 그것을 "길을 잃었다"라고 말합니다.
그러나 몇 안 되는 일본인들만이 간절히 하나님을 찾고 있습니다.

최근에 저는 우연히 그들을 만났습니다.
저는 너무 기뻤습니다.
오랜 영적인 가뭄에 축복 된 비와 같은 것이었습니다.

저는 군중에 집중하고 싶지 않고 간절히 하나님을 찾고 있는
사람들에게 집중하고 싶습니다.

인생은 짧습니다.

그 분께로 달려갑니다

감정의 소용돌이를 느낍니다.
약간 기분이 상했습니다.
그리고 내 머리가 아픕니다.

사람들은 그 분으로부터 달아나고 싶어 합니다.
나는 그 분으로부터 달아나야 하나요?

아닙니다.
나는 오히려 그 분께로 달려갈 겁니다.

하나님의 사람조차도 하나님의 임재 안에 있을 때
자신의 초라함을 느껴집니다.

진실은, 하나님은 그의 모든 죄와 단점을
보실 수 있다는 것입니다.

내가 당신의 영을 떠나 어디로 가겠습니까?
내가 당신의 곁을 떠나 어디로 도망가겠습니까?
나는 올바른 방향으로 나아가기로 했습니다.

그들이 구원받기를

그들이 구원받기를 원합니다.
그들도 죄로부터 구원받아야 합니다.
그들의 해방을 위해 기도합니다.

그들이 구원받기를 원합니다.
그들도 죽음으로부터 구원받아야 합니다.
그들의 영원한 생명을 위해 기도합니다.

그들이 구원받기를 원합니다.
그들은 지옥으로부터 구원받아야 합니다.
그들의 천국의 집을 위해 기도합니다.

그들이 구원받기를 원합니다.
그들은 사탄으로부터 구원받아야 합니다.
그들의 자유를 위해 기도합니다.

일본 모든 사람들이 구원받기를 원합니다.
무엇보다도 그들은 하나님의 진노로부터 구원받아야 합니다.
나는 그들의 영적인 안전을 위해 기도합니다.

금식 둘째 날에

배가 너무 고파요.
배에서 꼬르륵 소리가 나요.
어지러워요.
오늘 세 끼를 굶었어요.

빵이 먹고 싶어요.
오렌지가 먹고 싶어요.
라면이 먹고 싶어요.
김치가 먹고 싶어요.

그동안 빵을 당연하게 여겼어요.
오렌지를 당연하게 여겼어요.
라면을 당연하게 여겼어요.
김치를 당연하게 여겼어요.

미안해요, 여러분.

금식 넷째 날에

늘 음식을 가렸어요.
슬프게도 까다로운 식습관은 어릴 때 시작되었어요.
얼마나 부끄러운지요!

그러나 지금 나는 더 이상 편식가는 아닙니다.
배가 고파요.
배가 너무 고파요.

더 이상 까다롭지 않아요.
느닷없이 내가 바뀌었어요.

나의 영(spirit)도 가난해요.
하나님에 대해 굶주려 있어요.

더 이상 영적인 음식에 대해 까다롭지 않아요.
순전한 영적인 우유가 좋습니다.
정말로 지금 우유가 먹고 싶어 죽겠어요.

더군다나, 영적으로 딱딱한 음식을 씹고,
삼키고, 소화할 수 있어요.

난 딱딱한 음식이 너무 좋아요.
단지 뭐든 먹고 싶어요.

이 순간 내가 좋아하지 않는 "나또"라도 먹을 수 있어요.
거의 통제불능이에요.
무엇이든 닥치는 대로 먹을 수 있을 것 같아요.

그러나 난 못 먹어요.
결심한 날까지 안 먹을 거예요.

난 바보인가요?
내가 선한 것에 지혜롭고 악한 것에 미련하길 기도합니다.

나눌 수 있는 것

당신은, 세상에서 가장 큰 도시 중의 하나인
도쿄에서 당신의 마음을 나눌 누군가를 찾았나요?

당신은, 이런 무정하고 무자비한 사회에서 다른 신자들과 함께
당신의 믿음을 나눌 수 있는 신앙 공동체를 찾았나요?

당신은, 아스팔트 정글에서 복음을 더 효과적으로 나눌
동역자를 찾았나요?

두 개의 모자

7년 전에 하나님은 저는 여기 일본에 선교사로 두셨습니다.
그러나 많은 운명의 우여곡절(장난) 후에 지금 나는 한 일본 교회의 담임 목사가 되었습니다.
제가 한 개 이상의 역할을 하고 있다는 뜻입니다.
사실 저는 두 개의 모자(역할)를 쓰고 있습니다.
선교사라는 모자와 목사라는 모자입니다.

약 16년 전에 제가 시카고에 있는 신학대학원에서 공부를 시작하기 바로 전에 한 담임 목사가 제게 물었습니다.
"목사가 되고 싶은가요, 아니면 선교사가 되고 싶은가요?"
"선교사요!"라고 저는 소리쳤습니다.
그래서 일본에서 목사로서 하나님을 섬기는 것은
저의 원래 계획은 아니었습니다.
오 마이,

어제 제 친구가 와서 제게 말했습니다.
"하나님께서 당신을 목사로서 설교와 교육,
그리고 목양에 대한 사명을 맡기셨습니다.
당신은 그것에 대해 감사해야 합니다!
그리고 당신은 충성스럽게 그 일을 감당해야 합니다!"
"뭐?"
한 선교사님이 제게 농담을 했습니다.
"승진하셨군요."
"제발 그런 소리 하지 마세요. 제가 정말로요?"

허무주의

이 땅에서 두 번 사는 것
말도 안 돼요 한 번으로 충분해요
환생, 윤회, 천만의 말씀
농담하는 거죠 이 세상에 사는 거
그리 재미없어요.
즐거움보다 고통이 더 많아요.

열심히 일해요.
그러나 그 유익은 오래가지 못해요.
모든 게 헛됩니다.
이번 생을 마무리하고
그리스도와 함께 하는 것이 훨씬 낫습니다.

죽는 건 어떤가요
죽음이란 천국에 계신 주님과 함께 편히 쉬는 것입니다.
집에 가고 싶어요.
집에 가고 싶어요.
주님 계신 본향 집에 가고 싶어요.

내가 왜 이 세상에 살아 있는 거죠
이 세상에서 살아야 할 목적이 있나요
있어요
주를 위해 일하는 것은 무가치하지 않아요.
그럴 만한 가치가 있어요.
예, 그래요.

안타깝게도, 일본에서는 허무주의자가 되기 아주 쉬워요.

얻는 게 없어요, 보상이 없어요!

일본에서의 주를 위한 나의 수고가
아무런 보람없이 끝날 것인가요
그러지 않길 바래요.
나는 그리스도의 형상이
일본 속에 형성될 때까지
계속 수고하려 합니다.

나의 아버지

나의 아버지는 목수셨다.
아버지는 줄담배를 피우셨다.
그는 술 애호가셨는데 특히 "소주"를 아주 좋아하셨다.
밤에 술 취해 집에 오신 날 아버지는 어머니와
종종 싸우기도 하셨다.
나는 아버지가 어머니에게 소리를 지르며
물건을 던지는 것을 보았다.
감사하게도 아버지는 어머니를 목표로 던지지는 않으셨다.
그냥 화가 폭발하는 것이었다.

아버지는 쉰 넷에 돌아가셨다.
그는 뇌졸증에 걸리셨다.
끝내 돌아가시기 전에 아버지는
오랫동안 뇌졸증으로 인해
후유증을 앓으셨다.
그런 아버지라도
다시 보고 싶습니다.

헤아릴 수 없는 삶

12살 때 처음으로 성령님께서
내 마음속으로 들어오신 것을 느꼈습니다.
그것은 교회 수련회 때 일어났습니다.
그것은 통상적인 예배 시간에 일어났습니다.

갑자기 중얼거리며 신음하기 시작했습니다.
눈물을 터트렸습니다.
눈물이 펑펑 쏟아졌습니다.
미친 듯이 말입니다.
광란한 사람처럼 말입니다.

그 다음에 무슨 일이 일어났을까요?
침과 콧물이 줄줄 흘러나와 바닥에 떨어졌습니다.
저의 통제를 완전히 벗어났습니다.
얼마나 부끄러웠던지요

성령님이 제게 임했고 저를 완전히 사로잡으셨습니다.
성령님은 저를 매우 근심케 하셨어요.
그러나 이러한 거룩한 근심은 저를 회개로 이끌었습니다.

저는 생애 처음으로
제가 지은 죄에 대해서 안타깝게 느꼈습니다.
동시에 저는 기분이 과도하게 좋아짐을 느꼈습니다.
저는 뛸 듯이 기뻤습니다.
그것은 마치 하늘을 나는 것과 같았습니다.

무아지경, 황홀경,

신들린 것 같은
저는 그날 성령을 받았습니다.

문자 그대로, 저는 죄로부터 벗어나
하나님께로 돌아섰습니다.
아, 그러나 저는 1년 후에 교회를 그만두었습니다.
그리고 5년 후에 담배 피우기를 시작했습니다.
술을 마시기 시작했습니다.

슬프게도 저는 하나님을 벗어나 타락했고,
죄 된 삶으로 다시 돌아갔습니다.
저는 세상과 다시 사랑에 빠져 세상으로 돌아갔습니다.

삶은 헤아릴 수가 없습니다.
예측할 수가 없습니다.
종종 변화는 뜬금없이 다가옵니다.

경계인

오랫동안 저는 일종의 "경계인"으로 살아왔습니다.
저는 수십 년간 적어도 두 개의 매우 다른 문화적 정체성 속에서 버둥거려 왔습니다.

그냥 저랑 맞지 않았습니다.
아주 많은 당황스러운(부끄러운) 순간들...
아주 많은 아픈 기억들...

사실 저는, 어디를 가나 어디에 체류하나 이방인이었습니다.
두(세) 문화를 동시에 사랑한 나머지 오도 가도 못하는 느낌이었습니다.
가끔 저는 둘(셋) 다 지긋지긋했습니다.
저는 도망치고 싶었습니다.

"만일 내게 비둘기같이 날개가 있다면 날아가서 편히 쉬리로다."(시편 55편 6절)라고 고백한 다윗과 같은 심정이었습니다.

그러나 저는 살아남아야 했습니다.
저는 앞으로 나아가야 했습니다.
이런 여러 가지 문화를 온전히 포용하는 것에는 많은 시간과 노력이 필요했습니다.

말하자면, 저는 세 문화(한국, 미국, 일본)를
하나님의 나라의 성경적 문화와 섞어서
저만의 문화를 만들려고 무척 애썼습니다.

감사하게도, 지금은 이 문화들이 저의 가까운 친구들입니다.
아직도, 제 안에 있는 한국, 미국, 그리고 일본 문화가
가끔 저 자신에 대해서 부끄럽게 느끼도록 만들기도 합니다.

제가 그리스도 안에서 "나다움"을 유지할 때에
많은 사람들이 저를 "이상한(별난) 놈"으로 봅니다.

하지만 괜찮아요.
저는 이 모든 사람들을 사랑합니다.
비록 그들이, 저를 있는 그대로 받아들이지 않는다 해도
저는 괜찮아요.

사실 저는, 제가 부산을 사랑하고, 시카고를 사랑하고,
그리고 동경을 사랑하는 그리스도인이라는 것입니다.

나에게는 꿈이 있었습니다

제 꿈은 국제적으로 무역을 해서 돈을 많이 벌고,
외국 도시들에서 외국인 친구들을 사귀는 것이었습니다.

사람들은 이런 종류의 꿈을 "세계 시민"이라 부르겠죠.
사람들은 아마도 이런 종류의 꿈은, 이 세상에서는 평범한 꿈이라고 생각합니다.
20대 때 저는, 이 꿈을 쫓기를 정말로 원했습니다.

그러나 지금, 저는 선교사로 일본에 있습니다.
저는 국제 여행은 말할 것도 없고, 국내 여행조차 할 경제적인 여유가 없습니다.
아직 교토도 못 가봤습니다.
저는 사탕(lollipop candies) 장사도 못 합니다.
저는 단지 도쿄라는 도시에 늘 죽치고 있습니다.

외국인 친구들을 사귀는 것 말입니까?
예 할 수 있습니다.
그러나 다수의 외국 도시에서가 아닙니다.
가끔은 만약 제가 (일본으로 오지 않고) 미국에 머물고 거기서 살았더라면 제 인생이 어떻게 되었을지 궁금합니다.

나이는 먹어가고

나이는 먹어가고
아프고
머리 빠지고
입 주위로 깊은 주름이 패이고
왼쪽 광대뼈에 검버섯이 생기고
이 모든 것들이 내가 알아차리기 전에 일어나 버렸다
오 마이!

운동 삼아 걷는다
러닝머신 위에서 한 시간을 달린다.
건강을 유지하려고
오늘도 노력 중
소명을 감당하기 위해
나이를 잊어버리기로
오늘도 노력 중

떨리는 인생

환상,
나는 결국 힘겹게 빗장을 들어 올렸습니다.
내가 들어 올렸을 때, 그 빗장은 다 부러지고 말았습니다.

나는 거대한 철문 주위를 힐끗 보면서 걸어 들어갔습니다.
갑자기 많은 새로운 것들이 내 눈 바로 앞에 나타났습니다.
"와우!"

나는 놀라움을 금치 못했습니다.
나는 본능적으로 하나님이 모든 것을
새롭게 하고 계시다는 것을 알아차렸습니다.

그러나 내 주위에 있는 사람들은 이해하지 못했고
무슨 일이 일어나고 있는지 감지하지 못했습니다.

"놀랍군!"
"대단해!"

하나님은 나를 위해 삶이라는 모험 속에
많은 새로운 것들을 저장해 두셨습니다.

내 인생에서 가장 스릴 넘치는 장면이
이제 막 펼쳐지려고 합니다.

해설

신앙인에게 전하는 감동과 성찰의 노래

– 박경호 묵상시집 『도코에서 온 러브레터』에 담긴 의미

김윤환 시인/문학평론가
목사, 백석대학원 기독교문학 교수

1.

기독교 신자는 모든 삶의 원천을 '진리와 은혜'를 근간으로 삼고 있다. '진리를 알지니 진리가 너희를 자유케 하리라"(요8:32)는 말씀에서 '진리'(Logos)는 두 말 할 것 없이 오직 성경에만 바탕을 두고 있다. 이렇듯 진리의 원천인 성경은 구원자 예수 그리스를 중심으로 어떻게 하면 삶의 참 자유(구원)를 얻을 수 있는가 가르치고 있다. 그런데 우리가 주목할 것은 성령의 감동을 받은 성경의 기자들이 기록한 텍스트가 시대를 초월하여 우리의 삶과 정신의 상황(Contxt)에 비추어 인생의 길, 사람의 도(道)를 만나게 해준 것과 같이 오늘날도 성경의 가르침과 성령의 감동을 받은 사람이 성경의 기자(記者)처럼 구원자에 대한 은혜를 찬양하고 그에 따른 서원(誓願)의 노래를 이어 부르며 나눔으로서 인류의 구원사(救援史)는 이어지고 있는 것이다.

칼릴 지브란이 시집 『예언자』의 영성과 에세이집 『내가 만난 나사렛 예수』를 통해 신앙의 보편화에 기여해 온 것처럼 이번에 새 묵상시집을 출간하게 된 박경호 선교사는 이미 성서에세이 『마태가 들려주는 예수와 열두 제자들』를 발간한 바 있는 작가로서 고백의 문학을 이어가고 있는 것이다.

박경호 묵상시집 『작은 자의 러브레터』는 시인이 그동안 SNS에 신앙 단상과 묵상의 시를 정리하여 발간하게 되었는데 이는 언어를 통해 깨달은 것을 다시 언어로 노래하는 하나님과 사람에 대한 사랑의 편지로서 공감과 깨달음의 설렘을 주는 시집이라고 할 수 있다. 특히 저자는 지나친 은유보다는 담백한 고백의 언어에 시적 운율을 담아 읽는 이에게 영혼의 생수처럼 마른 영혼을 적셔주기에 충분하다.

2.

이번 시집은 크게 5부로 나누어 구성되었는데 제1부는 〈그 분과 함께 하는 삶〉이라는 주제로 삼위 하나님과 동행하는 삶의 기쁨과 감사를 노래하고 있고, 제2부에서는 〈거룩한 시간 속으로〉라는 주제로 그리스도인의 구별된 삶에 대한 성경의 메시지를 오늘의 언어와 저자의 표현방식으로 다시 고백하고 있다. 이어서 제3부에는 〈뜻대로 은혜대로〉라는 주제로 신앙인의 삶이란 곧 그리스도의 뜻대로 그의 은혜를 따라 사는 삶인 것을 노래하고 있고 제4부 〈믿음으로 사는 사람〉은 깊은 신앙을 가진 성도의 모습을 자신의 심경을 담아 잔잔히 들려주고 있다. 끝으로 제5부에서는 〈작은 자의 고백〉이라는 주제 안에 시인 자신의 신앙과 선교의 현장, 인간적 고독과 갈증을 노래하고 있지만 결국 자신을 보낸 하나님의 뜻을 따라 선교 현장을 사랑하고 사람을 사랑하기 위해 구원사역의 첨병으로서 최선을 다하고자하는 의지를 보여주는 시편들이다.

먼저 제1부 〈그 분과 함께 하는 삶〉에 수록된 작품 중 인상 깊게 스며든 시 한 편을 감상해 보자.

구하십시오
하나님의 얼굴을 늘 구하십시오.
그러면 그의 얼굴의 빛이 여러분에게 늘 비칠 것입니다.

만약 하나님이 그의 얼굴을 여러분으로부터 돌리시면,
여러분은 공포에 휩싸일 것입니다.

만약 하나님이 그의 얼굴을 여러분으로부터 숨기시면,
여러분의 등골이 오싹할 것입니다.

왜요?
하나님의 빛이 없으므로 사물을 볼 수 없기 때문입니다.
당신은, 우리 주위에 널려 있는 영적으로
맹인된 자와 같을 것입니다.

당신은 맹인 같이 담을 더듬으며
눈 없는 자들과 같이 두루 더듬을 것입니다.
(이사야 59:10)

당신은 낮에도 한밤중처럼 비틀거릴 것입니다.
당신은 반드시 넘어져 구덩이에 빠질 것입니다.

구하십시오, 구하십시오!
하나님의 얼굴을 늘 구하십시오.
그러면 의의 태양이 여러분에게 늘 비칠 것입니다.
하나님은 당신이 걷는 길을 비추실 것입니다.

— 시 「늘 하나님의 얼굴을 구하십시오」 전부

시인은 우리가 구할 것은 생활의 문제라기보다 하나님을 먼저 찾기를 노래하고 하고 있다. 우리네 삶은 늘 목마른 사슴처럼 갈증과 주림의 연속이다. 당장의 문제에 천착하여 궁극적인 구원의 삶을 놓쳐버린 것에 대한 해답은 무엇보다 '하나님의 얼굴을 구하라'는 신앙적 메시지를 강하게 던지고 있다. 하나님을 찾지 않아 하나님을 잃어버리거나 하나님이 우리를 외면하신다면 우리의 영적인 상태와 삶의 길은 그야말로 구덩이 빠진 모양이 될 것이다. 시인의 표현은 난해하거나 격정적이 않되 분명한 믿음의 선포를 던지는 메시지라고 할 수 있다.

이어서 문학적 은유를 담은 시편인 「역설」이라는 시는 시인의 예수에 대한 이미지를 역설적으로 표현해 주고 있다는 점에서 문학성을 담보하고 있는 작품이라고 할 수 있다.

그 분은 왕의 왕이십니다.
그러나 그는 우리가 왕이 될 수 있도록 오셔서
종의 모습을 취하셨습니다.

그 분은 영원하십니다.
그러나 그는 우리가 영생을 얻을 수
있도록 잠시 동안 죽으셨습니다.

그 분은 온 우주에서 가장 부요한 분이 십니다.
그러나 그는 우리가 부요해질 수 있도록
가난해지셨습니다.

그 분은 산자와 죽은 자의 심판자이십니다.
그러나 그는 우리가
죄의 감옥에서 풀려날 수 있도록
범죄자가 되셨습니다.

그 분, 예수님은 의의 태양이십니다.
그러나 그는 우리가 하나님의
의인이 될 수 있도록
우리 대신 죄를 감당하여 주셨습니다.

그 분은 위대한 의사이십니다.
그러나 그는, 우리가 치유될 수 있도록
상처 입고, 찔리고, 상하셨습니다.

그 분은 믿는 자들을 사랑하시되,
죽기까지 사랑하셨습니다.
그러므로 우리도 예수님께 우리의 삶을
산제사로 드려야겠습니다.

우리, 그리스도를 위해 살아갑시다.

— 시 「역설」 전부

왕이신 예수를 종으로, 영생의 주관자를 죽은 자로, 온 우주의 부요자를 가장 가난한 자로, 죄의 심판자를 죄인으로, 의의 태양인 분을 죄를 짊어진 자로, 치유자인 예수를 상처받는 이로 노래하다가 종절 즈음에 가서 사랑하시되 죽기까지 사랑하는 그에게 믿는 자들도 자신의 삶을 산제사로 드려야함을 역설적으로 노래하고 있다. 이러한 시 한편은 때로 수 십분의 설교보다 더 여운을 준다. 이것은 고백의 문학이 주는 힘이라고 할 수 있다.

3.

제2부 〈거룩한 시간 속으로〉편에는 아주 흥미로운 대구(對句)형식의 시가 수록되어 있는데 바로 「9가지 D를 매일 하세요」라는 작품이다. 먼저 시를 함께 읽어보자.

죄에 대해서 매일 죽으세요(Die).
당신 자신을 매일 부인하세요(Deny).
당신 자신을 예수님의 사랑으로 매일 멸시하세요(Despise).
성령의 임재 안에 매일 머무세요(Dwell).
당신 자신을 하나님의 말씀과 기도에 매일 전념하세요(Devote).
당신 자신을 경건을 목적으로 매일 단련하세요(Discipline).

하나님의 말씀을 매일 행하세요(Do).
사람들을 예수님의 제자로 매일 만드세요(Disciple).
그 중에서도 특히, 주 안에 있는 당신 자신을 매일 기뻐하세요(Delight).

이런 9가지 D를 매일 하세요.
그러면 당신의 삶은 아름다워질 거예요.

— 시 「9가지 D를 매일 하세요」 전부

'D'자 이니셜로 시작되는 신앙에 필요한 덕목을 이해하기 쉽고 따라 일기 쉬운 댓구식 배열로 독자의 시 읽는 즐거움을 더해 주고 있다. 영어 생활권에서는 매우 유익한 신앙 신조로 읽힐 수 있을 것으로 보인다. 시인은 9가지 D 중에 '주 안에 있는 당신 자신을 매일 기뻐 하'라는 표현은 신앙생활의 팁 중에 결론에 속하는 대목이다. 결국 우리의 신앙은 하나님과 더불어 스스로를 기뻐하며 사는 일 아니겠는? 그러한 아름다운 삶을 위해 앞서 노래한 8가지 'D'를 유념할 필요가 있음을 되새기게 해준다.

이어서 제3부 〈뜻대로 은혜대로〉에 수록된 시편 중 저자 자신의 고백이자 우리 모두 노래가 되어야할 인상 깊은 시를 소개하고자 한다.

'제발, 제발 예수님을 믿으세요' 라고 말하고 싶지 않아요.
예수님을 믿어달라고 애원하고 싶지 않아요

만약 어떤 이가 예수님을
구세주로 받아들이기를 거부하거나
예수에게 제 삶을 의지해야 할 필요를 못 느낀다거나
저 혼자서도 잘 하고 있다 라고 말한다면
차라리 내 발에 있는 먼지를 떨어버릴 거예요.

복음이란 하나님의 최고의 사랑의 선물을
거부하니까요.

나는 복음 택배기사입니다.
나는 단지 그 선물을 확신과 기쁨으로 사람들에게 전하고 싶지
의심과 초조함으로 전하고 싶지 않아요.

어느 이웃이 쓸모 없어요'라고 말한다면

천국의 선물을 받으라고 강요하고 싶지 않아요.
기어이 "사양합니다!"라고 말하면
사랑의 선물을 받아달라고 애걸복걸하지 않을 겁니다.

그러나 만약 내 이웃 중에 어떤 사람이
하나님의 위대한 선물을 원한다면
혹은 그것에 대해 배고프고 목말라 한다면,
나는 당장 큰 기쁨으로 그에게 선물을 건네줄 겁니다.

당신은 이 선물을 정말 원하나요?
내가 기쁨으로 배달해 줄게요

— 시「복음 택배기사」 전부

이 시 역시 문학적 은유를 담아 화자 자신이 복음의 택배기사가 되고자하는 의지를 노래한 것으로 보인다. 억지로 억압적으로 혹은 마지못해 복음을 전하기보다 누군가 하나님의 사랑의 선물, 구원의 길을 원한다면 그곳이 어디든지 달려가 기쁘게 그 선물을 전하고 싶다는 전도자의 마음을 담은 시다. 초반부에서 '제발, 제발 예수님을 믿으세요'라고 말하고 싶지 않'다는 표현이나, '예수님을 믿어달라고 애원하고 싶지 않'다는 표현은 마치 전도를 포기하겠다는 의미보다 예수를 쉽게 싸구려로 전하고 싶지 않다는 선교 의식이 담겨 있는 표현이라고 할 수 있다. 사실 모든 인류, 모든 우리의 이웃은 예수라는 좋은 소식, 예수라는 좋은 선물이 필요한 목마른 영혼들 아니겠는가. 선교사의 정체성을 지닌 시인은 선교과정의 어려움과 안타까움이 이 시에도 배어 있음을 알 수 있다.

4.

제4부 〈믿음으로 사는 사람〉편에 나온 작품 중에 「경고 싸인」이라는 작품도 짧지만 강한 메시지를 주는 시편이었지만 「연애편지」라는 시편도 시인의 순수한 신앙자세를 발견할 수 있는 노래였다.

당신의 신랑 되시는 예수님에게 편지를 쓰세요.
당신을 위한 그의 헌신적인 사랑에 대해서 써봐요.

그 분과 첫사랑에 빠졌을 때를 편지에 써봐요.
당신의 남편 되시는 그 분에게 편지를 쓰세요.

당신을 향한 그 분의 무한하신 사랑에 대해서 써봐요.
그 분을 향한 당신의 미친 사랑에 대해서 써봐요.

가을엔 그 분에게 편지를 쓰세요.
이 계절엔 그 분에게 편지를 쓰세요.

그 분, 예수님에게 연애편지를 쓰세요.

- 시「연애편지」전부

우리는 하나님과 예수님에게 너무 어렵고 두려운 존재로 인식할 때가 있다. 그러나 그 분은 우리의 따뜻한 아버지이자 우리를 우리보다 더 사랑하시는 신랑이 아니셨던가. 예수님을 그저 종교대상자로 사랑하기보다 영혼이 사랑하는 언제나 설레고 그리운 연인(戀人)으로서 까지 사랑할 수 있다면 그를 내 욕망으로 도구로 여기기보다 오로지 사랑함으로서 모든 것을 만족하는 순애보 같은 편지다, 시인이 언급한 대로 아가서 5장 10절~16절 말씀인 "내 사랑하는 자는 희고도 붉어 많은 사람 가운데에 뛰어나구나. 머리는 순금 같고 머리털은 고불고불하고 까마귀 같이 검구나. 눈은 시냇가의 비둘기 같은데 우유로 씻은 듯하고 아름답게도 박혔구나. 뺨은 향기로운 꽃밭 같고 향기로운 풀 언덕과도 같고 입술은 백합화 같고 몰약의 즙이 뚝뚝 떨어지는구나. 손은 황옥을 물린 황금 노리개 같고 몸은 아로새긴 상아에 청옥을 입힌 듯하구나. 다리는 순금 받침에 세운 화반석 기둥 같고 생김새는 레바논 같으며 백향목처럼 보기 좋고 입은 심히 달콤하니 그 전체가 사랑스럽구나. 예루살렘 딸들아 이는 내 사랑하는 자요 나의 친구로다." 에 대한 순수한 현대 신앙인의 답장으로 여길 만한 독창적인 노래라고 할 수 있다.

5.

끝으로 제5부에 실린 〈작은 자의 고백〉들은 박경호 선교사의 개인적 고백이자 주님의 작은 사제로서 올려드리는 눈물 섞인 노래라고 할 수 있다. 특히 일본인에 대한 여러 가지 생각이 스침에도 불구하고 선교사로서 전도자로서 그 사명을 피하지 않겠다는 결연한 의지가 담긴 시편들이다.

지금 밤하늘을 봅니다.
큰 배 위에 있습니다.

넓은 바다가 내 바로 앞에서 펼쳐집니다.
와우!

바람은 부드럽게 붑니다.
빗속에서 로맨틱한 노래 몇 곡을 듣고 있습니다.

내가 사랑하는 사람들과 함께.
특히, 내 아내와 함께.

이런 것들이 나를 다시 살아나게 만듭니다.
살아 있음을 느낍니다.

일본에서 선교를 계속 하려고 합니다.
감사합니다, 예수님!

— 시 「큰 배 위에서」 전부

선교의 바다에서 선교지를 바라보는 선교사의 마음이 잘 담겨진 노래다. 일본을 향한 자신의 사랑과 열정을 잔잔하게 고백함으로 독자에게 공감을 불러일으키고 선교의 거룩함에 동의를 하게 되는 시편이다. 이러한 박경호 선교사의 마음은 다음 시에서도 잘 드러난다.

그들이 구원받기를 원합니다.
그들도 죄로부터 구원받아야 합니다.
그들의 해방을 위해 기도합니다.

그들이 구원받기를 원합니다.
그들도 죽음으로부터 구원받아야 합니다.
그들의 영원한 생명을 위해 기도합니다.

그들이 구원받기를 원합니다.
그들은 지옥으로부터 구원받아야 합니다.
그들의 천국의 집을 위해 기도합니다.

그들이 구원받기를 원합니다.
그들은 사탄으로부터 구원받아야 합니다.
그들의 자유를 위해 기도합니다.

일본 모든 사람들이 구원받기를 원합니다.
무엇보다도 그들은 하나님의 진노로부터 구원받아야 합니다.

나는 그들의 영적인 안전을 위해 기도합니다.

– 시 「그들이 구원받기를」 전부

선교사이자 시인으로서 절절한 고백이 우리의 마음에도 전율을 일으키게 한다. 특히 우리 한국인의 정서에 일본인은 여전히 해결되지 못한 이웃이다. 그러나 시인은 그러한 역사적 민족적 연유(緣由)를 넘어 오직 그들의 영혼이 구원받아 참 평화의 사람, 참다운 이웃이 되기를 소망하는 기도가 이 시에 오롯이 담겨있다. 이러한 시편을 통해 선교사의 생명사랑, 구원사역의 열정을 다시금 헤아리게 된다.

6.

선교사 박경호 시인의 묵상시집은 문학적 성과를 넘어 인류 보편적 가치인 사랑 회복과 이 땅에 평화의 나라 즉, 하나님 나라를 건설하는 사명자의 영적인 뜨거움을 보게 해주었다. 고백문학으로의 역할은 비극을 넘어 희망으로, 슬픔을 넘어 기쁨으로 가는 풍경을 제시하고 우리의 신앙은 미움을 넘어 화해로 가는 길목에 언제나 예수 그리스도가 필요함을 오직 신앙의 힘을 통해 극복되고 성취된다는 것을 보여줘야 하는데 이번 시집이 그러한 역할을 잘 감당해주고 있는 것으로 평가할 만하다.

우리는 언어로 된 성경을 통해 은혜 받았다. 그 은혜와 서원을 다시 영적인 언어로 다시 노래하는 것은 얼마나 아름답고 소중한 것인가. 이 시집은 생생한 삶의 실제이자 신앙의 호흡이 오롯이 담겨있다. 척박한 선교현장에서도 열정과 순수성을 잃지 않는 영혼이 부른 구원의 노래, 거룩한 사명을 다시 다지는 선교적 사명이 이번 묵상시집 『작은 자의 고백』가 잘 담겨 있다. 바라기는 이 시집이 많은 독자를 만나 신앙과 선교사명을 아름다운 노래로 감동을 얻고 자기성찰의 기회를 제공하게 되기를 기대해본다.

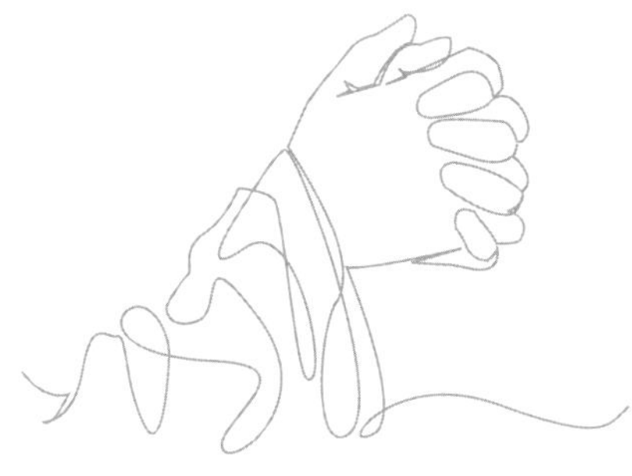